산을 품은
왕들의 도시

신라편 : 풍수의 탄생과 확산

3

역사 인물 환생 인터뷰 - 법흥왕, 진흥왕, 선덕여왕, 문무왕, 김대성

산을 품은 왕들의 도시3
- 신라편 : 풍수의 탄생과 확산

펴낸날 | 2024년 11월 18일

지은이 | 이기봉
사진 | 서민호
편집 | 정미영
디자인 | 박현정
마케팅 | 홍석근
펴낸곳 | 도서출판 평사리 Common Life Books
출판신고 | 제313-2004-172 (2004년 7월 1일)
주소 | 경기도 고양시 덕양구 중앙로558번길 16-16. 7층
전화 | 02-706-1970 팩스 | 02-706-1971
전자우편 | commonlifebooks@gmail.com
ⓒ2024 글 이기봉, 사진 서민호
ISBN 979-11-6023-323-0 (04910) 신라편
ISBN 979-11-6023-320-9 (04910) 세트

역사 인물 환생 인터뷰
: 법흥왕, 진흥왕, 선덕여왕, 문무왕, 김대성

산을 품은 왕들의 도시

신라편 : 풍수의 탄생과 확산

3

이기봉 지음

평사리
Common Life Books

책머리에

우리나라의 역사에서 풍수는 언제 무엇을 계기로 발생 또는 도입되어 정착하고 확산한 것인가?

중국에서 발생한 풍수가 신라 말 도선(827~829년)과 그 제자들에 의해 자연스럽게 도입되어 널리 보급되고 뿌리를 내렸다거나, 산이 많은 우리나라의 자연 환경에 풍수가 적응하면서 자연스럽게 형성된 토속신앙에서 비롯되었다고 보는 게 일반적이다. 둘 사이에 차이가 있지만 민간에서부터 풍수가 형성되어 받아들여졌으며, 풍수를 당연하고 자연스러운 동아시아 또는 우리나라의 자연관으로 보려는 공통점이 있다. 이런 인식이라면 역사적 '계기'를 묻는 앞의 질문이 생소할 듯하다.

조선의 수도 서울은 역성혁명에 의한 왕조 교체의 정당성이 집약된 공간이다. 어떤 이는 유교 이념으로 만들어진 도시였다고 여기지만 착각이다. 입지 선택부터 풍수가 가장 핵심 역할을 했다는 것이『조선왕조실록』에 너무나 분명하게 기록되어 있다. 전통 문명에서 왕조 교체의 정당성을 어떤 사상이 뒷받침하려면 임금이 하늘의 명을 받아 세상 또는 국가를 다스린다는 상당히 세련된 논리 구조를 갖춰야 한다. 토속신앙이나 민간에서 시작된 사상이 그럴 수 있을까? 물론 풍수를 연구하거나 믿는 사람들은 조선의 수도 서울에 구현된 풍수에서 '하늘'을 보지 못했으니 그런 생각 자체를 할 수 없을 것이다.

이 책은 풍수도시인 서울의 입지, 구조, 상징 풍경, 정원의 특징을 담았던『산을 품은 왕들의 도시』1편과 2편의 후속 작이다. 필자는 앞의 두 책에서 풍수가 '권위 있는 공간 찾기 이론'이며, 서울에서는 '임금이 하늘의 명을 받아 세상 또는 국가를 다스린다는 이데올로기를 구현한 사상 또는 이론'임을 체계적으로 보여 드렸다. 하지만 이런 풍수가 언제 왜 발생했는지, 그리고 어떤 과정을 거쳐 조선의 수도 서울에 이르게 되었는지까지 담을 수는 없었다. 우리나라의 역사에서 그 과정이 그렇게 단순하지 않았기 때문이다.

한 책에서 완결성을 갖춰야 한다고 여기는 독자였다면 답답함을 느꼈을 것 같고 충분히 이해한다. 그래서 내용 중간중간에 풍수의 탄생은 신라 편에서 알려드리겠노라고 썼고, 이제 그 약속을 지키게 되었다.

풍수는 경전을 읽어 봐도, 풍수 전문가로부터 설명을 들어 봐도 어렵고 알쏭달쏭하며 난해하다. 어떤 때는 이렇고 어떤 때는 저렇기도 하다. 믿기도 그렇고 안 믿기도 그런 애매한 상황이 자주 연출된다. 이것은 인간이란 존재의 인식을 초월한 신이나 영험한 힘에 대한 믿음을 전제로 형성된 모든 종교에 공통적인 것이지, 풍수에만 특별하지 않다. 비종교인이 종교의 기원과 변화 그리고 그로부터 파생된 여러 현상을 이해하고자 한다면 경전이나 종교인의 설명을 참조는 하되 완전히 벗어나서 객관적으로 바라봐야 한다.

글 한 편 한 편을 읽어 주고 짧아도 항상 코멘트를 해 주신 동료 유종연 선생님께 깊은 감사를 드린다. 사진 촬영을 비롯해 필자 못지않게 경주 여기저기를 뛰어다니며 풍수 전문가가 다 되신 홍석근 대표와, 깔끔하고 멋지게 책을 만들어 주신 평사리 출판사 관계자 여러분께 감사의 마음을 전한다.

2024년 10월 7일 새벽

개웅산이 목감천을 만나

서울에서 가장 살기 좋은 아파트에서

아끔말 이기봉 씀

차례

아버지와 아들, 강국 신라를 향한 개혁의 깃발을 높이 들다

시청자 여러분, 안녕하십니까. 역사 방송 아나운서 안시리, 인사드립니다. 우리 '역사 인물 환생 인터뷰'에서는 지난 여덟 번에 걸쳐 정도전 선생님, 태종 임금님, 광해군 임금님, 『동국여지비고』의 저자 경승람 선생님을 모시고 풍수의 논리에 따라 입지가 결정되고 하늘-산-궁궐의 3단계 풍경을 통해 '임금의 권위가 살아 있는 권위의 연출'이라는 원리로 조성한 서울의 궁궐, 도시 계획, 정원 등에 대해 자세히 알아보는 시간을 가졌습니다. 그 과정에서 세계의 다른 나라나 문명권에서는 볼 수 없는 조선의 수도 서울만의 독특함을 확인할 수 있었는데요. 한편으로는 시청자 여러분들이 그런 독특함을 만들어 낸 풍수가 역사 속에서 왜, 어떻게 탄생해서 조선의 서울에까지 이르게 되었는지 많이 궁금하셨을 텐데요. 그래서 오늘부터는 우리나라에서 풍수가 탄생하고 확산되는 과정에 대해 살펴보기로 하겠습니다. 첫 번째 이야기의 초대 손님으로 신라의 제23대 법흥왕(재위 514~540년) 임금님을 모셨습니다. 모두 큰 박수로 맞이해 주십시오. 법흥왕 임금님, 어서 오십시오. 환영합니다.

법흥왕 안녕하세요. 신라 제23대 임금 법흥왕 인사드립니다. 제가 살았던 시절로부터 1,500년이나 지났기 때문에 너무나 많이 변한 대한민국의 이승에 환승해서 우리 신라의 이야기를 들려 드릴 수 있는 기회를 주신 '역사 인물 환생 인터뷰' 제작팀께 감사의 인사를 드립니다. 제작팀에서 저에게 요청한 주제는 우리나라 역사에서 일어난 풍수의 탄생인데요. 시청자분들은 많이 의아해하실 것 같습니다. 법흥왕과 풍수의 탄생… 뭔가 어울리지 않는 조합으로 들릴 수도 있을 것 같은데요. 이번 인터뷰가 다 끝나면 정말 잘 어울리는 역사의 조합으로 이해될 수 있도록 최선을 다해 보도록 하겠습니다.

풍수는 개혁의 산물이다

시리 저도 제작팀으로부터 주제와 핵심 내용을 전해 듣기까지는 법흥왕 임금님과 풍수의 탄생이라는 조합을 상상해 본 적이 없습니다. 시청자분들도 어떻게 법흥왕 임금님과 풍수의 탄생이 연결될까 싶으실 것 같은데요. 그렇기 때문에 더욱더 오늘의 '역사 인물 환생 인터뷰'

가 기대되실 것 같습니다. 오늘도 청중 열 분과 역사도 우미 궁금 씨가 자리해 주셨는데요. 늘 그렇듯이 궁금 씨가 첫 질문의 포문을 열어 주시겠습니다.

궁금 안녕하세요. '역사 인물 환생 인터뷰'의 멋진 양념이 되고자 노력하는 역사도우미 개그맨 궁금 인사드립니다. 우리 프로그램에서 언젠가 풍수의 탄생이라는 주제를 다룰 것이고, 또 그것이 꽤 시대를 거슬러 올라갈 것이라고 짐작은 하고 있었지만 법흥왕 임금님을 모시고 이야기를 들을 것이라고는 1도 상상하지 못했습니다. 그래서 제작팀으로부터 오늘의 주제와 초대 손님 관련 정보를 통보받고 나서 열심히 공부하지 않을 수 없었는데요. 아무리 공부해도 솔직히 감이 잘 잡히질 않았습니다. 아직도 뜬구름 잡는 느낌이라고 할까요? 그래도 제 역할이 첫 질문을 하는 것이니까 단도직입적으로 여쭙고자 합니다. 오늘 임금님을 초대 손님으로 모신 것이 풍수의 탄생이란 주제를 듣기 위해서인데요. 풍수의 탄생 이야기 전에 임금님께서는 풍수의 핵심을 무엇이라고 생각하시는지 먼저 듣고 싶습니다.

법흥왕 풍수의 핵심이요? 음…… 제가 반문하고 싶은데요. 궁

금 씨, 이미 지난 여덟 번에 걸친 조선의 수도 서울 이
야기에서 다 듣지 않으셨나요?

궁금 제가 이미 다 들었다고요? 그게 무슨 말씀이신지요?

법흥왕 하하하! 저도 하늘나라에서 여덟 편을 다 봤는데, 첫 번
째 출연하신 정도전 선생님이 풍수의 핵심을 짧고 멋
들어지게 설명해 주시던데요? 혹시 안시리 아나운서도
기억이 잘 나지 않나요? 힌트를 드리면 세계의 다른 나
라나 문명권에서는 쉽게 볼 수 없는 권위 표현 방법…
뭐 이런 거요.

시리 궁궐 그 자체는 웅장하고 화려하지 않으면서도 하늘-
산-궁궐의 3단계 풍경 속의 웅장하고 화려한 산을 통
해 임금의 권위 표현을 절대 포기하지 않은 것, 이거 말
씀하시는 건가요?

법흥왕 안시리 아나운서가 정확하게 말씀하셨네요. 다 정도전
선생님이 이야기해 주신 거잖아요. 기억을 잘 떠올려
보세요.

궁금 아, 그거였군요? 듣고 나니 다 생각이 납니다. 죄송합
니다.

법흥왕 죄송할 것까지야… 그럴 수도 있죠. 혹시 궁금 씨도 다

알면서 한 번 더 강조하기 위해 일부러 첫 질문으로 한 거 아닌가요? 어쨌건 잘되었네요. 궁금 씨가 우리나라 사람들의 표준일 테니까 한 번 더 풍수의 핵심에 대해 정리하고 오늘의 이야기를 시작할 수 있는 계기가 되었네요.

궁금 너그럽게 생각해 주셔서 감사합니다. 그럼 이어서 질문드리겠습니다. 우리나라 풍수의 탄생을 이야기할 때 "(탈해가 토함산에서) 성 안에 살 만한 곳을 살펴보니 마치 초승달 모양으로 된 봉우리가 하나 보이는데 지세가 오래 머물 만한 땅이었다."라는 월성 관련 탈해 임금님의 『삼국유사』 설화가 언급되는 경우가 있는데요. 이에 대해 임금님께서는 어떻게 생각하시나요?

법흥왕 땅의 모양이 초승달이니까 그곳에 살면 초승달이 반달을 거쳐 보름달로 커지듯이 탈해 임금님의 가문이 번성할 곳이라는 의미인데요. 땅의 기운이 사람과 국가의 흥망성쇠興亡盛衰에 영향을 미친다는 관점에서 풍수를 정의하는 분들이라면 충분히 연관시킬 수 있을 거예요. 하지만 정도전 선생님이 말씀하셨잖아요. 그것은 인과관계가 증명되지 않은 믿음의 문제, 즉 종교 신앙인의 관점에서 풍수를 바라보는 것일 뿐이라고요. 저도 정도전 선생님과 똑같이 생각합니다. 만약 그런 식으로 생각하면 풍수가 없던 문명은 거의 없을 거예요. 어떤 장소가 인간과 국가의 길흉화복에 영향을 미치는 힘을 갖고 있다고 믿는 성소聖所라는 관념이 없던 문명은 거의 없었을 테니까요.

시리 그렇다면 법흥왕 임금님은 하늘-산-궁궐의 3단계 풍경 속의 웅장하고 화려한 '산'을 통해 궁궐의 권위를 표현했다는 관점에서 풍수의 탄생을 말씀해 주시겠다는 거네요?

법흥왕 당연하죠. 다만 하늘-산-궁궐의 3단계 풍경에서의 궁궐 부분에는 무덤, 사원, 관아, 개인 주택 등 다른 것들도 들어갈 수 있어요. 문명이 탄생한 이후 인간이 건축물에 권위를 시각적으로 표현하는 가장 쉽고도 강력한 방법은 건축물 자체를 크고 웅장하고 화려하게 보이도록 만드는 것이었잖아요. 그런데 건축물 자체를 크고 웅장하고 화려하게 만들지 않고도 권위를 표현하는 새로운 방법을 고안해 낸 경우가 있어요. 하늘과 건축물 사이에 웅장하고 화려한 산이라는 매개체를 넣는 풍수도 그중에 하나였죠. 이렇듯 조선의 수도 서울에까지 이어진 우리나라 풍수의 탄생이 신라 제23대 임금인 저와 관련돼서 나타났음을 지금부터 알려 드리려고 합니다.

시리 어떤 내용일지 상당히 기대되는데요. 그런 풍수의 탄생이 임금님의 시대에는 어떤 의미를 갖고 있었나요?

법흥왕 제가 이뤄 낸 급진적 개혁의 마지막 산물이었습니다.

시리 예? 풍수의 탄생이 급진적 개혁의 마지막 산물이었다고요? 좀 더 구체적으로 말씀해 주시겠어요?

법흥왕 어느 시대이건 기존의 것으로부터 변화한다는 것은 개혁을 의미하잖아요. 풍수의 탄생은 권위의 표현에서 누구든 시각적으로 금방 인식할 수 있는 크고 웅장하며 화려한 건축물을 짓는 것으로부터 탈피하는 일이죠. 그러면서도 건축물 그 자체는 시각적으로는 크지도 웅장하지도 화려하지도 않게 짓는 것으로의 변화이기 때문에 엄청나게 어려운 일이랍니다. 그렇기 때문에 그저 그런 개혁이 아니라 급진적 개혁의 산물, 그것도 마지막 산물이었다고 말한 겁니다.

궁금 임금님 시절에 그런 일이 일어났다는 거네요?

법흥왕 예, 그렇습니다. 정확하게는 제가 하늘나라로 떠난 직후에 일어난 일이죠.

궁금 학교에서 우리나라의 역사를 배울 때 임금님 시절에 율령을 반포하고 불교를 공인하는 등 신라라는 나라의 기틀을 확실하게 다진 것으로 배웠는데요. 풍수의 탄생도 그런 조치들의 연장선상에서 이해하면 되는 건가요?

법흥왕 음…… 저를 신라의 기틀을 확실하게 다진 임금이라고 생각해 주시니 감사하네요. 하지만 제가 추구한 개혁에 대한 평가로는 좀 섭섭한 표현입니다. 저는 아버지 지증 마립간(437~514년, 재위 500~514년)께서 목숨 걸고 추구하신 급진적 개혁을 완성하기 위해 왕권을 잃어버릴 수도 있다는 각오로 대를 이어 추진한 건데요. 결과적으로 성공해서 '신라라는 나라의 기틀을 확실하게 다졌다'라는 평가를 받게 되었죠. 하지만 아버지와 저의 이러한 개혁이 목숨과 왕권을 걸 정도로 엄청나게 어려운 상황을 뚫고 이뤄 낸 성과라는 느낌이 덜 들어간 것 같아서 좀 섭섭하긴 하네요.

시리 그 정도로 어려운 일이었는지 솔직히 저는 몰랐습니다. 그러면 풍수로 끝나는 임금님 때의 급진적 개혁은 지증 마립간 임금님 때부터 시작됐다는 거군요? 다들 잘 모르실 것 같은데, 지증 마립간 임금님 때의 급진적 개혁부터 이야기해 주시면 감사하겠습니다.

지증 마립간, 신라 개혁의 횃불을 들다

법흥왕　저의 아버지 지증 마립간께서는 예순네 살에 임금의 자리에 오르셨어요.

시리　예순네 살에요? 우리나라 역사에서 그렇게 많은 나이에 임금의 자리에 오르신 분이 또 있으신가요?

법흥왕　생몰 연대가 분명하게 파악된 분들 중에는 아마 없을 겁니다. 그만큼 일어나기 힘든 일이었고, 무언가에 대한 큰 결심이 없었다면 대대로 조롱을 받을 만한 일이기도 했다는 의미죠.

궁금　혹시 지증 마립간 임금님의 아버지께서 너무 오랫동안 임금의 자리에 계셨기 때문에 그랬던 건 아닌가요?

법흥왕　그건 아니에요. 약간 복잡하니까 저 이전의 6대에 걸친 임금의 계승 관계에 대해 간단하게 설명드릴게요. 17

대 임금이신 내물 이사금(재위 356~402년)께서 돌아가시자 아드님이 아닌 실성 이사금이 즉위하셨는데요. 나중에 내물 이사금의 아들인 눌지 마립간(재위 417~458년)께서 정변을 일으켜 실성 이사금을 살해하고 임금의 자리에 오르셨습니다. 눌지 마립간에 이어 맏아들인 자비 마립간(재위 458~479년)이, 자비 마립간의 맏아들인 소지 마립간(재위 479~500년)이 연속해서 임금의 자리에 오르셨는데요. 소지 마립간이 돌아가셨을 때 아들이 없어서 저의 아버지 지증 마립간께서 신라의 22대 임금이 되셨습니다. 그런데 아버지 지증 마립간과 직전의 임금이신 소지 마립간은 형제도, 사촌도 아니었고 육촌 관계이셨어요. 다시 말해 증조할아버지인 내물 이사금에서부터 갈라졌다는 의미인데요. 소지 마립간께서 아무리 아들이 없었어도 형제도 있고 사촌도 있었을 테니 육촌이었던 저의 아버지 지증 마립간께서 임금의 자리에 오른 것은 자연스러운 일이 아니었죠. 그것도 예순네 살이나 먹은 육촌이었으니 말이에요.

시리 뭔가 깊은 내막이 있었던 것 같은데요. 혹시 말씀해 주실 수 있나요?

법흥왕 음…… 하늘나라에서 '역사 인물 환생 인터뷰'의 출연을 허가할 때 현존하는 문헌에 기록되지 않은 사실은 말하지 않는 조건을 내걸었기 때문에 조금 곤란하긴 하네요.

시리 아, 지난 서울 편 인터뷰에서 경승람 선생님이 출연하셨을 때 이미 들은 바 있습니다. 그런 것은 역사 연구자의 몫으로 남겨 두라는 말씀이요. 그렇다면 더 이상 여쭤보지 않겠습니다.

법흥왕 아이고, 저를 난처하지 않게 해 주셔서 감사합니다. 어쨌든 저의 아버지 지증 마립간께서 예순네 살이라는, 당시로써는 엄청난 고령의 나이와 육촌 관계인 상황에서 어렵게 임금의 자리에 오른 것은 우리 신라를 확 바꿔 놓겠다는 개혁의 강한 욕구를 갖고 계셨기 때문이었습니다.

궁금 이야기가 점점 흥미진진해지고 있네요. 그러면 지증 마립간 임금님께서는 처음에 신라를 왜 개혁하려고 하셨나요?

법흥왕 하하하! 궁금 씨가 집요하게 물어 오네요. 아버지께서 말씀하신 바로는 475년 9월 고구려의 3만 대군이 백제의 수도인 한성을 함락시키고 개로왕까지 죽인 사건이 결정적이었다고 합니다. 우리 신라에서도 고구려의 강성함을 피부로 느끼고 있었어요. 그래서 고구려가 백제와 우리 신라를 강하게 공격해 올지 모른다고 일찍부터 걱정하고 있었죠. 그렇기에 지방에서는 삼년산성 등 많은 성을 새로 쌓고, 수도 서라벌에서는 명활성을 수리해서 확장하는 등 나름대로 준비를 철저하게 하고 있었다고 합니다. 하지만 백제의 수도를 함락시키고 임금까지 살해할 정도로 고구려의 공격이 강할지는 미처 예상하지 못했던 거죠. 그런데 그게 실제로 벌어지니까 국가의 존망까지 걱정해야 하는 상황에 처해졌습니다. 이에 더욱 방비를 철저히 하고 백제와 연합해서 고구려의 공격을 물리치는 데 온 국력을 집중시켰죠. 그 결과 소지 마립간 임금님의 집권 말기쯤에는 그동안의 수세에서 공세로 서서히 전환하는 분위기가 약간이나마 형성됐다고 합니다. 그런데 소지 마립간께서는 고구려군의 공격이 약해지자 안주하면서 해이해진 모습을 보이기 시작했어요. 이에 저의 아버지 지증 마립간께서 분개해서는 우리 신라가 더욱더 강하게 고구려를 밀어붙여야 한다고 주장했습니다. 그러고는 우리 신라를 더욱 강하게 만들기 위해서 정신세계와 국가 시스템을 당시의 국제적 수준으로 확 바꿔야겠다는 결심을 하셨다고 합니다. 당시 우리 신라는 과거 진한 소국 중의 하나였던 시절의 타성에 오랫동안 젖어 있었거든요. 그 결심을 실현하기 위해 아드님이 없던 소지 마립간이 돌아가시면 어떻게든 임금의 자리에 오르겠다며 세력을 모으고 계획을 세워 철저하게 준비하셨다고 합니다.

시리 지증 마립간 임금님께서 그렇게 굳은 결심이 있었기 때문에 남들은 주책, 노욕, 권력욕 등으로 조롱할 수 있는 예순네 살의 연세에 어렵게 임금님의 자리에 오르신 거군요. 그러면 임금님의 자리에 오르신 후 어떤 개혁을 추진하셨는지 구체적으로 말씀해 주세요.

법흥왕 예, 말씀드려야죠. 아버지 지증 마립간께서는 500년 11월에 임금의 자리에 오르셨는데요. 겨우 1년 3개월밖에 지나지 않은 502년 2월에 처음으로 개혁 정책을 내놓았습니다.

궁금 그렇게나 빨리요? 어떤 정책이었는데요?

법흥왕 원래 우리 신라에서는 임금이 죽으면 살아 있는 남녀 다섯 명씩 순장하는 관습이 있었는데, 그걸 금지했습니다. 물론 우리 신라에서 순장 관습은 임금에게만 한정된 것이 아니라 고위 귀족들에게도 있었는데요. 임금의 순장 관습을 금지했다는 것은 결국 모든 고위 귀족들의 순장 관습까지 금지했다는 의미이지요.

궁금 헉! 신라가 순장 관습이 있었던 미개한 나라였다고요? 그것도 임금님이 죽으면 무려 열 명씩이나 함께 묻었단 거죠? 와~.

법흥왕 궁금 씨, 너무 흥분하지 마세요. 미개하냐 아니냐를 따지는 것보다, 세계에서 순장 관습이 있던 나라나 문명권이 정말 많았다는 것, 그리고 순장이 실행되던 당시에는 그것이 임금이나 귀족의 권위를 표현하는 강력한 방법 중의 하나였기 때문에 쉽게 바꿀 수 없는 강한 관성을 갖고 있었다는 것을 먼저 알아야 합니다. 지금의 관점에서 보면 미개하다고 할지 모르지만, 당시에는 순장되거나 그것을 지켜보는 사람들 대부분이 당연하고 자연스러운 현상으로 받아들이며 순응했어요. 그런 순응하는 태도가 바뀌거나 저항하는 분위기가 만들어지려면, 순장 관습이 없는 사회와 지속적인 접촉을 통해 순장은 미개하고 그것을 폐지하는 것이 선진적이라는 인식이 강하게 형성되어야 합니다. 당시 고구려와 백제, 그리고 중국에서는 순장이 이미 없어졌는데요. 우리 신라에서도 그런 국가와 접촉하면서 순장이 미개하다고 인식하는 사람들이 늘어나긴 했지만 아직 대세는 아니었어요. 그런데 저의 아버지 지증 마립간께서 당시의 국제적인 수준에 맞추기 위해 밀어붙인 거죠. 귀족들의 거센 저항으로 실패할 확률도 꽤 된다고 여기면서도 밀어붙이긴 했지만 철저한 사전 준비 덕분에 성공했답니다. 아버지의 이 조치 이후 신라에서는 순장이 사라졌는데요. 아버지께서는 순장 금지의 개혁 조치가 성공하자 더욱 자신감을 갖고 연속해서 개혁 정책을 추진하셨습니다.

시리 지증 마립간 임금님의 순장 금지 조치를 단순히 미개하냐 아니냐의 관점이 아니라, 당시의 국제 수준에 맞춰 강국으로 올라서기 위해 강한 관성의 오랜 관습을 혁파한 급진적 개혁 조치였다고 봐야 한다는 의미시네요?

법흥왕 맞아요. 바로 그 말이에요.

시리　정말 혁신적인 해석이네요. 이어지는 지증 마립간 임금님의 개혁 조치는 어떤 것이었나요?

법흥왕　아버지는 이왕 시작한 것, 뜻이 맞는 신하들과 함께 개혁 드라이브를 더욱 강하게 밀어붙여야겠다는 결심으로 급진적인 개혁 조치를 연달아 내놓으셨습니다. 순우리말의 나라 이름을 비슷한 소리의 한자를 빌려서 斯羅(사라)라 쓰기도 하고, 斯盧(사로)라 쓰기도 하며, 新羅(신라)라 쓰기도 하는 등 다양하게 기록하던 것을 503년 10월에 '덕업德業이 날로 새로워진다.'는 뜻의 新(신)과 '사방을 망라한다.'는 뜻의 羅(라)로 이뤄진 新羅(신라) 하나의 표기로 통일했습니다. 국내도 그렇지만 특히 국제적으로 나라의 이름을 표기하는 한자가 여러 개라면 국가 위신이 서지 않잖아요. 아버지께서는 그걸 타파하고 싶었던 거죠.

궁금　임금님, 新羅(신라)도 원래는 순우리말의 나라 이름을 비슷한 소리의 한자로 쓴 것이었을 뿐인데, 나중에는 한자의 뜻으로 풀이해서 선택한 것이라는 말씀이네요?

법흥왕　맞아요. 이때 나라 이름만 바꾼 게 아닙니다. 임금에 대한 표기도 기존에는 居西干(거서간), 次次雄(차차웅), 尼師

今(이사금), 麻立干(마립간) 등 순우리말 이름을 한자의 소리를 빌려 표기했는데요. 당시 국제 관계에서 일반적으로 통용되던 王(왕) 하나로 통일해서 新羅國王(신라국왕)으로 표기하기로 했습니다. 이 또한 국가의 위신을 높이기 위한 조치였습니다. 물론 王(왕)이라고 표기했지만, 순우리말로 '임금'이라고 불렀지요. 신라와 신라국왕으로 표기를 통일한 것 또한 오랫동안 관습으로 유지되어 온 기존의 여러 관행을 하나로 정리한 것이기에 혁신적 개혁 조치 중 하나였습니다.

궁금 임금님, 지금까지 세 개의 개혁 조치를 이야기해 주셨는데요. 이것으로 끝나는 것은 아니겠죠?

법흥왕 물론이죠. 저의 아버지 지증 마립간께서는 500년의 64세부터 514년의 78세까지 재위하셨잖아요. 아직 503년까지의 개혁 조치밖에 소개하지 않았으니 남은 이야기를 기대하셔도 좋습니다.

궁금 예, 무슨 말씀인지 알겠습니다.

법흥왕 그럼 계속하면요. 504년 4월에는 상복법喪服法을 제정하고 반포 후 시행하셨습니다. 여기서 상복喪服이란 장례 때 입는 옷을 말하는데요. 상복법을 제정했다는 것은 장례 때 입는 옷의 종류를 벼슬이나 신분의 높낮이에 따라 분명하게 구분해 입도록 통일시켰다는 의미입니다. 임금을 정점으로 해서 일원화된 위계질서를 확립해 임금 중심의 나라를 만들겠다는 강한 의지의 표현이셨던 거죠.

시리 지증 마립간 임금님도 신라에서 몇몇 개혁을 실시한 임금이었다고 공부한 어렴풋한 기억이 있습니다만 이렇게 여러 개의 급진적 개혁을 실천한 임금님이신 줄은 미처 몰랐습니다. 그런데 아직 504년밖에 안 되었으니 앞으로 얼마나 더 많은 개혁 조치가 이야기될지 궁금해집니다.

법흥왕 이제 10년 정도 남았는데, 세 개 정도의 개혁 이야기를 더 소개해 드릴까 합니다. 계속하면요, 505년 2월에 나라 안 고을들의 경계를 확실히 하고, 고을 사이의 위계질서를 주州-군郡-현縣의 3단계로 재편하는 개혁을 실행하셨습니다. 이것이 무슨 뜻이냐면 첫째, 기존처럼 지방 호족들 사이에 고을의 경계선을 갖고 다투는 것을 금지하고, 분쟁이 발생하면 모든 것을 중앙에서 원칙에 따라 결정한 것을 따르게 한다는 의미입니다. 둘째, 기존처럼 지방의 고을을 호족들이 스스로 다스리고 중앙에서 수시로 도사道使와 같은 임시 지방관을 파견한 뒤 감시하고 통제하는 지방 분권 체제에서, 중앙에서 파견한 지방관이 고을을 직접 다스리는 중앙 집권 체제로 가겠다는 선언입니다. 그런 본보기로 현재의 강원도 삼척 지역에 가장 높은 지방 행정 단위인 실직주悉直州를 설치하고 이사부異斯夫를 지방관인 군주軍主로 파견해서 다스리게 했는데요. 이때부터 지방관을 본격적으로 파견하기 시작했습니다.

궁금 와~ 지방 통치에 대한 혁신적인 변화를 의미하는 거네요. 이때 지방 호족들의 저항은 없었나요?

법흥왕 당연히 있었죠. 그러한 저항을 무마시키기 위해 아버지 지증 마립간이 먼저 한 일이 상복법을 제정해서 중앙 정부부터 상하의 위계질서를 분명히 한 것입니다. '봐라~ 내가 너희 지방만 개혁하겠다면 너희들의 저항이나 주장에 할 말이 없다. 그러나 지방을 개혁하기 전에 중앙부터 먼저 개혁하지 않았느냐.'라는 메시지를 보내서 지방 호족들의 저항 의지를 꺾은 거죠.

궁금 지증 마립간 임금님께서 개혁 조치의 선후도 미리 다 계획해서 실행하신 거네요. 대단하십니다.

법흥왕 대단하죠? 급진적인 개혁일수록 그때그때 주먹구구식으로 실행하거나 바꾸는 방식으로는 절대 성공할 수가 없어요. 중앙과 지방의 강한 저항을 무리 없이 극복하기 위한 거대한 계획을 세워서 순서대로 진행시켜 나가야 성공할 수 있습니다. 아버지 지증 마립간께서는 지방에 대한 직접 지배를 차분하게 강화해 나간 다음, 514년에 아시촌阿尸村이라는 고을에 소경小京을 설치했고, 그해 7월에는 수도 서울의 6부와 남쪽 지방의 사람들을 아시촌소경에 옮겨 살도록 했습니다.

궁금 소경이요? 제가 중고등학교 때 국사책에서 배웠던 '9주 5소경'에서의 그 소경을 말씀하시는 건가요?

법흥왕 예, 맞아요. 그 소경의 설치가 바로 514년에 시작된 겁니다. 여기서 소경小京이란 '작은(小) 수도(京)'란 뜻입니다. 수도 출신의 중하위 신분을 옮겨 살게 하면서 수도로부터 먼 지방에서 일어날지 모르는 반란을 감시 통제하고 지방을 통치할 중간 관리자의 인력풀을 확보하기 위해 만든 우리 신라만의 독특한 행정 단위입니다. 결국 중앙 출신들이 지방 고을을 직접 통치하겠다는 강력한 의지의 표현 중 하나이지요.

시리 임금님, 지방을 통치할 중간 관리자의 인력풀을 확보하기 위해 굳이 소경이란 특수 행정 구역까지 설치한 이유는 뭔가요? 지방을 통치하는 최고 관리자를 중앙에서 파견하더라도 중간 관리자는 지방의 호족들을 임명해서 활용하면 되는 것 아닌가요?

법흥왕 고려나 조선만 생각하면 일반적으로 그렇게 생각할 수 있습니다. 하지만 신라는 고려나 조선과 엄청 다른 나라였다는 것을 먼저 이해해야 해요. 신라는 사라 또는 사로라는 진한 12개 소국 중의 하나로 건국된 후 우여곡절을 겪으면서도 몇 백 년 동안 진한 지역 전체와 변한 일부, 그리고 강원도의 해안 지역까지 차례로 정복해 나갔습니다. 이것이 고려나 조선에서는 볼 수 없는 신라만의 특징을 만들었죠. 정복국가는 크기나 규모와 상관없이 정복의 주체와 정복당한 지역의 세력을 차별하는 통치 체계를 갖추는데, 우리 신라도 그랬습니다. 정복의 주체인 소국 시절의 사라 또는 사로 출신을 우대하고, 정복당한 지방 호족을 차별하는 극단적인 지방 차별 정책을 실시했는데요. 그렇게 만들어진 신분

제가 골품제骨品制입니다. 많은 사람이 골품제의 특징을 관직 진출과 사회생활에서 진골, 6두품, 5두품, 4두품이라는 신분 사이의 철저한 구분에 초점을 맞추는데요. 신분 사이의 철저한 구분은 신분의 이름이 다르더라도 전통시대의 웬만한 국가나 문명에서 일반적으로 있던 보편적인 현상이었을 뿐이에요. 정복국가 신라의 성격 때문에 나타난 골품제의 독특함은 수도와 지방 출신의 철저한 차별을 기본으로 깔고 운영되었다는 점입니다. 정복당한 지역, 즉 지방 출신은 아주 특이한 사례가 아니라면 진골과 두품의 신분을 획득할 수 없었습니다. 우리 신라에서 지방 출신은 지방 통치의 최고는 물론이거니와 중간 관리자도 될 수 없었습니다. 조선으로 말하면 지방 고을의 이방, 호방, 예방, 병방, 형방, 공방 같은 낮은 지배 신분의 서리 계층 역할만 맡았죠.

궁금 그렇다면 임금님, 지방 호족들이 크게 저항하지 않았나요? 심하면 반란도 일으켰을 것 같은데요.

법흥왕 일반적으로 그렇게 생각되죠? 그런데 조선에서 이방, 호방, 예방, 병방, 형방, 공방 같은 낮은 지배 신분의 서리 계층이 주도한 반란이 있었다는 말을 들어 본 적이 있나요? 거의 없을 겁니다. 그들은 비록 낮은 지배 신분이었지만 나라가 흥하든 망하든 대대로 세습하면서 안정적인 지위를 보장받아 가문과 가족의 삶을 안정적으로 이어가는 것에 더 관심이 많았습니다. 보통 반란은 권력 가까이에 있던 최상층 지배 신분 사이의 내분에서 가장 많이 일어났고요. 그다음으로 나라가 너무 피폐해지면 삶 자체를 위협받던 최하층의 피지배 신분에서 들고 일어났습니다. 하지만 낮은 지배 신분의 서리 계층에서는 잘 일어나지 않았는데, 우리 신라에서도 마찬가지였습니다. 그런데 예외적으로 나라 전체가 흔들흔들해지는 800년대 후반부터 고려나 조선에서는 잘 일어나지 않았던 낮은 지배 신분에서도 저항과 반란이 많이 일어났습니다. 이때 낮은 지배 신분이었던 지방의 호족들이 우리 신라의 독특한 특징이었던 지방 출신에 대한 극단적 차별에 반기를 들었던 거죠.

시리 임금님의 말씀처럼 역사 전체의 흐름을 보면 이방, 호방, 예방, 병방, 형방, 공방 같은 낮은 지배 신분이 일으킨 반란은 별로 들어 보지 못했습니다. 특히 나라가 안정되었을 때는 더욱이요. 신라에서 정복된 국가의 후

손으로서 낮은 지배 신분으로 편제된 지방 호족들이 초기에는 저항하거나 심하면 반란을 일으키기도 했겠지만, 통치 체제가 안정되자 저항과 반란을 택하지 않고 체제에 순응하면서 안정적인 지위와 삶을 택했다는 말씀이시네요. 이제 이해가 갑니다. 그런데 임금님, 지증 마립간 임금님의 재위 기간이 500년부터 514년이라고 하셨는데요. 소경의 설치와 그곳으로 수도와 지방의 사람들을 이주시켜 살게 한 조치가 514년에 이뤄졌으니 이제 지증 마립간 임금님의 개혁 조치에 대한 이야기는 끝난 것인가요?

법흥왕 예. 아버지 지증 마립간께서 살아 계셨을 때 직접 수행하신 개혁 조치는 이제 다 말씀드렸습니다. 하지만 급진적 개혁만이 고구려의 공격을 막아 내고 강국으로 도약할 수 있다고 생각하신 아버지는 돌아가시면서도 당신과 관련된 마지막 개혁 조치의 실시를 저와 신하들에게 강하게 부탁하셨습니다.

궁금 돌아가시면서도 부탁하셨다고요? 음…… 상상이 잘 되지 않네요.

법흥왕 궁금 씨, 이렇게 생각해 보세요. 강국으로의 도약을 평생의 꿈으로 갖고 실천하던 진정한 개혁 군주라면 죽으면서도 개혁할 수 있는 것이 무엇일까, 아니, 자신의 죽음을 통해 개혁할 수 있는 것은 없을까 고민하지 않았을까요? 저의 아버지 지증 마립간이 그런 분이셨습니다.

궁금 일반적으로는 상상하기 어려운 대단한 분이셨네요. 지증 마립간 임금님 자신의 죽음을 통해 취할 수 있는 개혁 조치가 무엇이었을지 정말 궁금해지는데요?

법흥왕 아버지 지증 마립간께서는 돌아가시기 전부터 시호諡號 제도를 우리 신라에서도 시행하라고 부탁하셨어요. 임금이 죽으면 어렸을 때부터 부르던 이름이 아니라 임금이 재위했을 때의 업적에 걸맞은 좋은 뜻의 한자 두 자로 새로운 이름을 지어 부릅니다. 그래서 저는 임금의 자리에 오른 후 아버지께 '지혜롭다'는 의미의 智(지)와 '제사를 통해 신에게 인간사를 알린다'는 의미의 證(증)을 합해 智證(지증)이라는 시호를 지어서 올렸습니다. 신라에서는 시호를 사용하는 법이 이때부터 시작되어 계속 이어졌습니다.

궁금 임금님, 그러면 지증 마립간 임금님의 원래 이름은 무엇이었나요?

법흥왕 순우리말의 이름이셨는데, 비슷한 소리의 한자를 빌려서 智大路(지대로), 智度路(지도로), 智哲老(지철로) 등으로 표기했습니다. 제가 앞에서 이미 이야기했던 奈勿尼師今(내물 이사금), 實聖尼師今(실성 이사금), 訥祇麻立干(눌지 마립간), 慈悲麻立干(자비 마립간), 炤智麻立干(소지 마립간)에서의 奈勿(내물), 實聖(실성), 訥祇(눌지), 慈悲(자비), 炤智(소지)는 모두 어렸을 때부터 불렸던 임금님들의 순우리말 이름을 비슷한 소리의 한자를 빌려 표기한 것들입니다.

시리 지증 마립간 임금님은 돌아가신 임금님의 호칭마저도 기존 방식을 완전히 혁파한 거네요. 그런 혁파가 신라에서 가지는 의미는 무엇인지도 말씀해 주실 수 있나요?

법흥왕 그 당시의 상황 속에서 시호 제도를 바라봐야 합니다. 시호 제도 자체가 옳은지 그른지, 좋은지 나쁜지, 진취적인지 아닌지 등을 따지지 않았으면 좋겠어요. 이미 앞에서 아버지 지증 마립간의 급진 개혁은 당시의 국제 수준으로 신라를 혁신해서 강국으로 만드는 거라고 말씀드린 바 있잖아요. 시호의 제정도 그런 거였어요.

중국은 물론이거니와 고구려와 백제에서도 이미 시호 제도를 시행하고 있었고, 우리 신라도 그런 국제적인 표준을 따라가고자 한 것이죠. 시호 제도는 중국에서 오래전부터 발생해서 사용되고 있었고, 고구려도 꽤 오래전부터 도입해서 사용하고 있었어요. 백제는 상당히 늦은 동성왕(재위 479~501년) 때 처음으로 시행했는데, 그래도 우리 신라보다는 빨랐잖아요? 아버지 지증 마립간께서는 당신이 임금의 자리에 오른 직후에 백제에서도 시호 제도를 도입했다는 보고를 받고는 그것이 옳고 그르고, 좋고 나쁘고를 떠나서 신라에도 도입해서 국제 수준으로 맞추는 것이 당시의 상황에서 신라의 국익에 도움이 된다고 판단하신 겁니다.

법흥왕, 아버지의 개혁 정책을 확대 계승하다

시리 지증 마립간 임금님의 개혁 정책은 그것의 구체적인 내용 자체가 옳고 그르냐의 관점에서가 아니라 당시의 국제 수준에서 신라의 국익에 도움이 되었느냐 아니었느냐의 관점에서 판단해야 된다는 말씀이 상당히 가슴에 와닿습니다. 이것은 현대의 여러 현상을 살펴보고 이해할 때도 적용되어야 하는 게 아닌가 생각합니다. 그럼 이제부터는 오늘의 주인공이신 법흥왕 임금님의 개혁 조치에 대해 본격적으로 들어 볼 차례인데요. 임금님, 어느 것부터 말씀해 주실 건가요?

법흥왕 어느 것이요? 제가 첫 번째로 취한 개혁 조치는 이미 말씀드렸습니다.

시리 예? 벌써 말씀해 주셨다고요? 지금까지는 아버지이신 지증 마립간 임금님의 개혁 조치에 대해서만 들었던 것으로 생각되는데요.

법흥왕 시호 제도의 실시는 아버지 지증 마립간의 개혁 조치 이기도 하고 저의 개혁 조치이기도 합니다. 저의 첫 번째 개혁 조치이죠.

시리 임금님, 혹시 이런 뜻인가요? 아무리 아버지 지증 마립 간께서 원하고 부탁하신 개혁 조치라고 하더라도 내가 임금의 자리에 올라 계승해 시행하지 않으면 아무 의미가 없다, 내가 임금의 자리에 올라 아버지께서 원하고 부탁하신 개혁 조치를 그대로 시행한 것, 그것은 아버지 지증 마립간의 개혁 조치를 적극적으로 찬성하고 계승하겠다는 나의 의지를 강하게 표명한 것이니 그것 자체가 개혁 조치다, 뭐 이런 거요.

법흥왕 하하하! 안시리 아나운서가 정말 잘 정리해 주셨습니다. 바로 그겁니다. 당연한 것이지만 아버지 지증 마립간께서 시행하신 개혁 조치에 반대하거나 저항하는 흐름이 완전히 사라진 것은 아니었어요. 급진 개혁과 그것에 대한 강한 실천 의지를 갖고 계셨던 아버지의 위세 그리고 주도면밀한 계획과 실천 때문에 어쩔 수 없이 따르며 숨죽이고 있던 반대 세력이 있었는데요. 아버지의 연세가 많아 조금만 참으면 새로운 임금 때 기회가 올 수도 있다는 희망을 갖고 있었던 것 같습니다. 그 희망을 완벽하게 부수는 것, 그것이 제가 임금의 자리에 올랐을 때 첫 번째로 해야 할 임무였습니다. 아버지께서 원하고 부탁하신 시호 제도의 도입을 제가 적극적으로 실행함으로써 새로운 임금도 급진 개혁을 지속적으로 강력하게 추진할 것임을 분명하게 선언한 거죠. 그럼으로써 반대 세력이 갖고 있던 희망의 싹을 아예 잘라 버렸습니다.

궁금 저절로 자연스럽게 되는 일은 없었던 거네요.

법흥왕 그렇죠? 아버지 지증 마립간께서 시작해 14년 동안 아무리 잘 닦아 놓은 개혁의 길이었다고 하더라도 아직은 빗물에 파이고 돌들이 뒤섞여 덜컹대는 비포장도로였을 뿐입니다. 저는 후세의 임금들이 강국 신라의 위상을 맘껏 펼칠 수 있도록 아버지께서 개척한 개혁의 비포장도로를 아스팔트 포장도로로 바꿔야 하는 역사적 임무를 짊어진 임금이었습니다. 제가 임금의 자리에 올랐을 때 아직도 가야 할 길은 멀고 험했습니다.

궁금 임금의 자리에 오르셨을 때 가야 할 길이 멀고 험했다는 말씀, 와~ 가슴에 콱 꽂힙니다.

법흥왕 궁금 씨, 제 말의 진심을 알아주셔서 감사합니다.

시리 임금님, 제가 들어도 진심으로 들립니다. 그런데 임금님 스스로 추진하신 첫 번째의 개혁 조치는 무엇이었나요? 궁금합니다.

법흥왕 아버지 지증 마립간께서 돌아가신 후 저는 약간 숨고르기를 했습니다. 그리고는 제가 임금의 자리에 오른지 4년째가 되는 517년 4월에 처음으로 국가의 군사 관련 업무를 일상적으로 전담하는 병부兵部라는 관청을 설치했습니다.

궁금 　그러면 그 전에는 군대를 어떻게 동원하고 통솔했나
　　　요? 이해가 잘 되지 않네요.

법흥왕 　하하하! 신라에서는 그 전에도 진한 소국, 왜, 가야, 백
　　　제, 고구려와 충돌하면서 크고 작은 전투를 수없이 치
　　　렀고, 또 정복한 지역에서도 여러 번 반란이 일어났잖
　　　아요. 그런데 병부라는 관청 없이 어떻게 군대를 동원
　　　하고 통솔했는지 이해하기가 쉽지 않죠? 하지만 걱정
　　　하지 마세요. 병부라는 관청이 설치되지 않았을 때도
　　　군대를 동원하고 통솔하는 데는 아무런 문제가 없었으
　　　니까요. 전쟁이 벌어지지 않았을 때는 임금을 지키는
　　　국가의 군대와 각 귀족들에게 충성하는 사병의 군대로
　　　나뉘져 있었습니다. 하지만 큰 전쟁이 벌어졌을 때 임
　　　금은 귀족들에게 휘하 사병을 거느리고 참전하라는 명
　　　령을 내렸어요. 아주 예외적인 경우가 아니라면 거의
　　　모두 참전했습니다. 임금은 그렇게 모인 군대를 총 지
　　　휘하는 사령관을 임명했고, 그 사령관은 그 전쟁에서
　　　만큼은 전 군대를 편제하고 움직이며 작전을 수행하
　　　게 되었죠. 전쟁이 끝나면 그 군대는 임금을 지키는 군
　　　대와 귀족들에게 충성하는 사병의 군대로 다시 나뉘져

요. 우리나라 사람들은 군사 관련 업무를 전담하는 관청인 병조가 있고 귀족, 즉 양반들에게 사병이 없던 조선이란 나라에 너무 익숙해서 전 세계의 모든 나라가 당연히 조선과 같았을 것처럼 착각하는 경향이 있어요. 하지만 세계의 역사에서 보면 그렇지 않은 국가의 사례가 생각보다 많습니다.

시리 임금님, 여기서도 우리나라 사람들에게 익숙한 조선이 문명사 속에서 표준은 아니었다는 말씀이군요.

법흥왕 맞아요. 군대를 운영함에 있어서 조선과 같이 일상적인 전담 관청을 설치해 운영한 나라도 있었고, 그렇지 않은 나라도 있었다고 보면 돼요.

시리 무슨 말씀인지 알겠습니다. 그렇다면 신라에서 국가의 군사 관련 업무를 일상적으로 전담하는 병부가 있었다는 의미는, 임금으로 상징되는 국가의 군대가 강화되고, 사병으로 이뤄진 귀족의 군대는 약화되었다고 보면 되는 건가요?

법흥왕 그거죠. 우리 신라에서 진골 귀족의 힘은 평균적으로 볼 때 사병을 전혀 거느릴 수 없었던 조선의 양반은 말할 것도 없고 사병을 거느렸던 고려의 귀족보다도 훨씬 셌어요. 하지만 병부를 설치하기 전과 후를 비교해 보면 진골 귀족의 사병은 수적으로도 힘으로도 약해져 갔어요. 병부의 설치는 아버지 지증 마립간으로부터 시작된, 임금을 정점으로 한 일원적 통치 체제를 더 강화하는 개혁 조치였다고 보면 됩니다. 저는 병부만 설치했지만 후대로 갈수록 국가의 각종 업무를 일상적으로 관장하는 관청의 설치가 줄을 이었어요.

시리   대단하십니다. 그러면 다음의 개혁 조치는 또 뭐였나요?

법흥왕   3년 후인 520년 1월에 율령律令을 반포하고, 처음으로 백관百官의 공복公服에 붉은색과 자주색으로 위계位階를 정했습니다.

궁금   방금 임금님이 말씀하신 두 개의 개혁 조치도 임금을 정점으로 한 일원적 통치 체제의 강화를 의미하는 거 맞죠?

법흥왕   하하하! 궁금 씨가 이젠 너무나 자연스럽게 말하네요. 맞아요. 율령律令에서 율律은 형벌 법규, 령令은 행정 법규를 가리키는데요. 율령을 반포했다는 것은 그 전까지 오랜 관습의 판례에 따라 이뤄지던 형벌과 행정 조치를, 여러 판례를 종합해서 변하기 어려운 어떤 기준을 세워 정리한 법전에 따라 시행하기 시작했다는 의미예요. 즉, 법치주의 국가가 되었다는 말이죠. 물론 대한민국과 같은 민주주의 법치국가보다는 덜 체계적이었지만 그래도 전통시대 국가들 사이에서는 상당히 높은 수준이었다고 보면 됩니다. 율령의 반포 또한 당시의 국제 수준에 맞추기 위한 개혁이었는데요. 중국은 아주 오래전부터 시행했고, 고구려는 소수림왕 때인 373년에 반포했습니다.

시리 법치주의 국가는 근대 이후에나 형성된 것인 줄 알았는데 그게 아니었네요.

법흥왕 법치주의 국가란 '법에 따라 나라가 통치된다'는 의미잖아요. 그렇다면 법을 만들어 시행한 나라는 다 법치주의 국가라고 봐야 하지 않겠어요? 다만 그 법의 내용과 형식이 근대 이전과 이후가 상당히 달랐기 때문에 '법치주의 국가'란 말을 동일하게 쓰더라도 동급이었다고 착각하지만 않으면 됩니다. 여기서 하나 말하고 싶은 것이 있는데요. 근대 이전의 중세 유럽은 법치주의 국가가 거의 없었다고 보면 됩니다. 강력한 통일 제국이 존재하지 않고 소규모의 영주 국가들이 주를 이뤘는데요. 그런 상황에서는 굳이 법치주의 국가를 건설하지 않고 오랜 관습의 판례에 입각해서 나라를 다스려도 큰 문제는 없었으니까요.

시리 무슨 말씀인지 알겠습니다. 그러면 백관의 공복에 붉은색과 자주색으로 위계를 제정했다는 것도 율령의 반포와 연계해서 이해해도 무방하겠네요?

법흥왕 예, 무방해요. 아버지 지증 마립간께서 장례 때 입는 옷의 종류를 벼슬이나 신분의 높낮이에 따라 분명하게 구분된 형식의 옷을 입도록 통일시킨 상복법을 제정했다고 했는데요. 저는 더 나아가 벼슬이나 신분의 높낮이에 따라 일상적으로 입는 옷의 형식에서도 분명하게 구분하고 통일시켜서 그것을 법전에 담았죠. 어떤 이들은 이것을 골품제의 탄생과 연결시키기도 하더라고요. 하지만 골품제는 이미 그 이전부터 있던 신분제였고, 저는 임금을 정점으로 한 일원적인 통치 체제의 관점에서 골품제를 정비했다고 보면 됩니다.

궁금 그렇다면 병부의 설치, 율령의 반포, 공복의 정비 등 이런 개혁도 당시 국제 수준에 맞추기 위한 것이었나요?

법흥왕 맞습니다. 아버지로부터 시작돼 저에게서 확대된 대부분의 개혁 조치를 그렇게 보면 됩니다.

시리 조금만 상기하면 당연하고 자연스럽게 추론할 수 있는 것인데, 임금님께서 말씀하시는 하나하나의 개혁 조치에 집중하다 보면 자꾸 잊어버리게 되네요. 어쨌든 임금님께서는 514년에 즉위해 540년까지 집권하셨으니까, 아직 20년이나 더 남았으니 우리를 기다리고 있는 개혁 조치의 또 다른 이야기가 어떻게 펼쳐질지도 궁금합니다.

법흥왕 하하하! 많이 남지는 않았어요. 개혁하고 또 개혁하고 또 개혁하는 그 자체가 목적은 아니잖아요. 우리 신라를 당시의 동아시아 국제 수준의 국가로 변화시켜 강국의 토대를 만드는 것이 목적이었으니까, 국제 수준에서 통용되던 국가의 모습을 다 갖추게 되면 더 이상의 개혁은 필요 없겠죠? 이제 제도에 대한 개혁 이야기는 얼마 남지 않았습니다. 하지만 지금까지 이야기한 개혁보다 더 거대한 개혁, 정신세계의 개혁이 남아 있으니 기대하셔도 좋습니다. 다만 정신세계의 개혁 이전에 국제 관계에서의 개혁에 대해 짧게 말하고자 합니다.

시리 국제 관계에서의 개혁이요? 국제 관계에서도 개혁할 것이 있었나요?

법흥왕 예, 있었어요. 우리 신라는 381년에 내물 이사금이 중국의 전진前秦에 위두衛頭를 사신으로 파견한 이후에는 중국 대륙의 여러 나라와 외교 관계를 맺으려 노력하지 않았습니다. 국경을 맞대고 있는 고구려, 백제, 가야, 왜 등과도 경쟁이 치열해서 힘이 드는데, 바다 건너의 먼 중국 여러 나라까지 굳이 신경 쓸 필요가 있느냐는 생각이 대세였기 때문입니다. 하지만 고구려가 백제의 수도를 함락시키고 개로왕까지 살해한 사건 이후부터는 생각이 달라졌어요. 고구려가 백제와 우리 신라를 향한 남쪽으로의 침략에 온 국력을 기울이지 못하게 하는 방법 중 하나는, 고구려의 서쪽과 국경을 맞대고 있는 요서 지역을 비롯해 중국 대륙의 여러 나라와 외교 관계를 맺는 것이 중요하다는 사실을 깨닫게 된 겁니다. 다시 말해서, 중국 대륙의 여러 나라에 사신을 보내 고구려의 서쪽을 침략하게 하거나 최소한 군사적 긴장 관계를 유지하게 하면 고구려가 남쪽의 우리 신라와 백제를 향한 공격에 온 국력을 기울일 수 없을 테니까요. 아버지 지증 마립간께서는 이 사실을 깨닫고 계셨는데요. 일단 내부의 개혁에 박차를 가하는 것이 중요했기 때문에 중국과의 외교 관계 복구를 실천하지는 못했습니다. 저도 그것을 잘 알고 있었기 때문에 국내의 정치적, 사회적 개혁이 어느 정도 마무리되자 중국의 전진에 마지막으로 사신을 보낸 381년으로부터 140년만인 521년에 중국 대륙에 있던 양나라에 사신을 보내 드디어 외교 관계를 맺게 되었습니다.

궁금 이제 신라가 한반도와 만주, 일본과의 관계를 넘어 동아시아 전체에 그 존재감을 '짜잔~' 하면서 확실하게 드러낸 거군요.

법흥왕 그렇죠. '짜잔~' 하면서…….

시리 양나라에 사신을 보내 외교 관계를 맺은 것까지 개혁 조치라고 생각해 본 적은 없었는데요. 임금님의 말씀처럼 당시의 상황 속에서 살펴보면 신라에서는 언젠가 꼭 추진해야 했던 개혁 조치였다는 것을 알게 되었습니다. 그럼 이제 어떤 개혁보다 더 거대하고, 그렇기 때문에 더 어려웠던 정신세계의 개혁에 관한 이야기를 해 주실 차례입니다.

강국 신라를 향한 개혁의 방점을 찍다

법흥왕 하하하! 정신세계의 개혁에 관한 안시리 아나운서의 정리가 상당히 멋집니다. 안시리 아나운서의 말처럼 정말 어려웠던 개혁이었죠. 너무나 유명하니까 어떻게 개혁했을지 여러분들은 다 아시죠?

궁금 이차돈의 순교를 통한 불교의 공인 말씀하시는 거죠?

법흥왕 궁금 씨가 대답한 그대로입니다. 더 자세한 이야기는 조금 이따 할 텐데요. 이왕 이렇게 된 것 궁금 씨에게 질문 하나 드리겠습니다. 어떤 개혁보다 더 거대하고, 그렇기 때문에 더 어려웠던 정신세계의 개혁이 왜 하필 불교의 공인이었을까요?

궁금 음…… 임금님께서 신라에서의 개혁이 당시의 국제 수준에 맞는 신라를 만들기 위한 것이라고 계속 강조하셨잖아요? 그렇다면 불교도 당시 중국 대륙의 여러 나라는 물론이고 고구려와 백제에서도 이미 공인해서 임금, 신하, 귀족, 백성들이 대부분 믿고 있었던 종교 아닌가요? 그러니 신라도 뭐 그런 이유였지 않았을까 합니다.

법흥왕 지금까지 제 이야기를 잘 종합해 보면 충신 이차돈의 순교라는 극적인 희생까지 동원해 왜 불교를 공인하려 했는지, 그 이유를 추론하는 것이 정말 쉽죠? 고구려는 소수림왕 때인 372년에, 백제는 침류왕 때인 384년에 불교를 공인해 국가 경영의 정신적 토대로 삼았습니다. 우리 신라에도 불교가 들어온 것은 꽤 오래되었는데요. 백성들 사이에서는 서서히 퍼져 나가고 있었지만, 임금과 신하 그리고 대다수의 귀족들은 우리 신라의 전통적인 신앙을 고수하면서 불교를 받아들이지 않았습니다. 그만큼 우리 신라가 전통적 가치를 버리지 않고 강하게 고수하려 했던 국가였다는 의미인데요. 그것이 외부의 충격에 효과적으로 대응하거나 국제 관계를 맺고 유지하는 데 방해가 되지 않을 때는 아무런 문제가 되지 않습니다. 하지만 혹시라도 그렇지 못해서 국가를 위험에 빠뜨릴 수 있는 상황이라면 이야기는 달라집니다. 전통적 가치 자체가 옳으냐 아니냐가 아니라, 신라의 국익에 도움이 되느냐 아니냐의 관점에서 재편하거나 혁파해야 할 대상으로 여겨질 수밖에 없는 거죠. 그러면 어떻게 재편할 것이냐, 어떤 새로운 신앙 체계로 대체할 것이냐, 이런 문제가 나타나잖아요. 그 해결책에 대해 아버지와 저의 생각은 같았습니다. 우리 신라가 중국 대륙은 물론이고 당시의 만주와 한반도, 일본을 포함한 동아시아 전체를 선도하는 국가는 아니었잖아요? 그렇다면 동아시아를 선도하는 국가들 사이에 유행하는 신앙 체계를 적극적으로 도입 공인해서 신라라는 국가 경영의 정신적 토대로 삼는 방법을 택하는 것이 최선이었죠. 그때 동아시아의 선도 국가들 사이에서 가장 유행하던 신앙 체계는 불교였기 때문에 우리 신라로서는 불교를 선택하는 방법 이외에 다른 대안이 없었습니다. 불교가 높은 수준의 정신세계를 구현한 신앙 체계임은 분명하지만, 충신 이차돈을 순교시키면서까지 불교를 공인해야겠다는 결정을 내릴 때 그것은 두 번째 이유였을 뿐입니다.

궁금 예? 그러면 첫 번째 이유는 무엇이었나요?

법흥왕 아까 이야기한 걸로 기억하는데요. 하하하! 당시의 국제 수준에서 신라의 국익에 도움이 되느냐 아니냐의 문제가 가장 중요했다고요.

궁금 아, 맞네요. 죄송합니다.

법흥왕 죄송하긴요. 괜찮습니다. 어쨌든 아버지 지증 마립간께서도 불교를 공인해서 우리 신라라는 국가 경영의 정신적 토대로 삼고 싶어 하셨습니다. 하지만 전통적인 신앙을 고수하려는 귀족들의 분위기가 너무 강고해서 쉽게 시도했다가는 오히려 역효과만 불러일으킬 것이라고 판단하셨어요. 그래서 순장의 폐지로부터 시작해서 정치, 사회, 국제 관계를 차례대로 개혁한 다음, 마지막으로 불교의 공인이란 신앙 체계의 개혁을 추진하는 것이 성공을 위한 최선의 방법이라고 생각하셨습니다. 그 과제가 저에게 주어졌고, 제가 528년에 성공적으로 수행한 것입니다. 충신 이차돈의 순교 사건은 너무나 유명하니 더 이상 언급하지는 않을게요. 다음 해인 529년에는 불교의 공인에 맞게 살생을 금하는 법령을 내렸습니다.

시리 임금님 말씀을 들어 보니 두 임금님께서 참 치밀하고 장기적인 계획을 세워 어마어마한 개혁을 실천하신 거네요. 대단하십니다. 박수가 저절로 나옵니다. 이제 강국으로의 도약을 향한 신라의 개혁은 거의 끝나가는 것 같은데, 혹시 말씀 안 하신 게 있을까요?

법흥왕 안시리 아나운서가 박수까지 쳐 주시니 기분이 좋네요. 강국으로의 도약을 향한 개혁의 마지막 산물인 풍수의 탄생 이야기가 거의 가까워지고 있는데요. 이제 세 개의 개혁만 남았습니다. 먼저 우리 신라에서는 기존에 겪어 보지 못한 국가의 중대사를 결정할 때 임금과 대등大等으로 선발된 고위 진골 귀족들로 구성된 화백회의에서 토론 후 만장일치로 정하는 오랜 전통이 있었는데요. 이 화백회의 안에서만큼은 임금이 절대적인 우위에 서지 않고 회의를 주재하는 회장 정도의 역할만 맡았답니다. 아버지 지증 마립간께서는 임금을 정점으로 한 일원화된 통치 체제를 지향했기 때문에 화백회의의 성격을 바꾸고 싶어 하셨지만, 진골 귀족들의 강력한 반발을 우려해 섣불리 개혁에 나서지는 않았습니다. 저 역시 아버지와 같은 생각을 갖고 있었는데요. 불교의 공인을 통해 전통 신앙 체계까지 개혁하고 나자 이제는 화백회의 개혁에도 나설 때가 되었다는 판단이 확실하게 서게 되었습니다.

궁금 임금님, 그렇다면 화백회의를 폐지하기로 결심하신 건가요?

법흥왕 하하하! 궁금 씨, 너무 성급한 판단 같은데요? 화백회의는 사라 또는 사로라는 소국으로 시작해 주변 소국들과 경쟁하면서 정복국가로 우뚝 선 우리 신라의 성격 때문에 만들어진 전통이고요. 그것은 정복의 주체인 수도 출신자를 우대하고 정복당한 지방 출신자를 차별하는 골품제란 신분제의 운영과 밀접한 연관이 있었어요. 따라서 화백회의를 폐지한다는 것은 우리 신라의 토대를 이뤘던 골품제란 신분제까지 흔드는 게 되죠. 아무리 강국을 향한 개혁이 중요하다고 하더라도 우리 신라의 토대까지 무너뜨린다면 아무런 소용이 없잖아요. 그러니 폐지할 수는 없었고, 운영 시스템을 개선하는 방향으로 개혁했어요. 안시리 아나운서, 그게 뭔지 궁금하지 않나요?

시리 당연히 궁금하죠. 저에게 물어보시는 이유는 혹시 그게 뭔지 맞혀 보라는 말씀이신 것 같은데요?

법흥왕 예, 맞아요. 제가 이미 이야기한 것에 힌트가 담겨 있답니다.

시리 국가 통치의 측면에서 두 임금님이 추진하신 개혁의 방향은 임금을 정점으로 한 일원적인 통치 체제의 구축이었다… 그런데 화백회의에서 임금은 절대적인 우위에 서지 않고 회의를 주재하는 회장 정도의 역할만 맡고 있었다… 이렇게 말씀하셨는데요. 그렇다면 화백회의 안에서 임금의 역할을 회의를 주재하는 회장이 아니라 다른 구성원들보다 절대적인 우위에 서도록 개혁하는 것이 아니었을까 싶은데요?

법흥왕 안시리 아나운서의 추론 대단했습니다. 많이 놀랐습니다. 50퍼센트는 맞혔습니다. 화백회의에서 임금의 역할을 다른 구성원들보다 절대적인 우위에 서도록 하기보다는 아예 임금이 참여하지 않도록 했습니다. 대신 화백회의 구성원인 대등들 중에서 한 사람을 상대등上大等으로 임명해 회의를 주재하는 역할을 맡긴 후 거기에서 만장일치로 합의된 결론을 임금에게 보고하도록 했어요. 그리고 그 보고 결과를 토대로 임금이 다시 한번 검토해 최종 결정을 내리는 시스템을 구축했습니다. 그 첫 출발이 531년 4월 이찬 철부哲夫를 상대등에 임명해 나라의 일을 총괄하게 한 것인데요. 상대등이라는 관직이 이때부터 시작되었습니다. 구체적으로 들어가면 다른 점이 많지만 큰 틀에서 상대등은 조선의 영의정이나 대한민국의 국무총리와 비슷했다고 보면 됩니다.

시리   임금이 진골 귀족들 중에서 선발된 화백회의의 구성원, 즉 대등들보다 절대적인 우위에 있는 존재임을 그런 식으로 개혁해서 드러내신 거네요. 거기까지는 미처 생각하지 못했습니다. 조금만 더 생각했으면 맞힐 수도 있지 않았을까 합니다만… 하하하! 이제 두 개의 개혁이 남았는데요. 다음은 어떤 거였나요?

법흥왕   아버지 지증 마립간께서 임금의 자리에 오르신 500년 10월부터 화백회의를 개혁한 531년 4월까지 30년 6개월 동안 진짜 임금의 자리와 목숨까지 걸고서 강국 신라를 향한 급진 개혁을 쉼 없이 진행하며 달려왔는데요. 이쯤 되니까 정치, 사회, 문화의 모든 측면에서 신라의 개혁이 거의 다 이뤄진 것이 아닌가 생각되더라고요. 게다가 국제 관계에서도 신라의 존재를 확실히 각인시켰잖아요. 그러니 이제 천지개벽의 수준으로 변한 우리 신라가 독자적인 세계관을 갖고 독자적으로 운영되는 위대한 국가임을 국내는 물론 국제적으로도 선언하는 과제가 저에게 남았더라고요. 그 과제를 536

년에 '원년을 세운다'는 뜻의 건원建元이란 연호를 처음으로 칭하고 그 해를 건원 원년으로 선포하면서 완성했습니다. 연호의 사용은 그 국가가 독자적인 천하관을 갖고 독자적으로 운영되는 독립적인 국가임을 만방에 알리는 국가적인 선언 행위입니다.

시리　지증 마립간 임금님으로부터 시작되서 법흥왕 임금님에게 계승된, 강국 신라를 향한 개혁의 긴 여정이 연호의 사용을 통해 완성되었다는 말씀이네요.

법흥왕　맞아요. 연호의 사용이 곧 개혁의 완성을 의미했습니다.

궁금　임금님, 아까 풍수의 탄생이란 개혁의 마지막 산물 이전에 세 개의 개혁이 더 남았다고 말씀하셨는데, 아직 두 개밖에 말씀하지 않았습니다. 그렇다면 나머지 하나는 혹시 잘못 말씀하신 건가요?

법흥왕　하하하! 궁금 씨가 예리하게 듣고 계셨네요. 잘못 말한 것은 아닙니다. 다만 강국 신라를 향한 큰 틀에서 개혁의 완성은 연호의 사용이지만, 큰 틀 안에서의 자잘한 개혁은 이후에도 계속되었습니다. 제가 살아 있을 때 그런 자잘한 개혁이 하나 있었는데요. 538년에 지방관이 가족을 데리고 부임하는 것을 허락하는 교서를 내렸습니다. 지방 분권에서 중앙 집권 체제로의 개혁을 이룬 상태에서 지방에 대한 직접 통치를 강화시키기 위한 추가적인 조치 중의 하나였습니다.

시리   아, 그런 거였군요. 그런데 임금님, 제가 알기로 임금님 께서는 540년 7월에 하늘나라로 떠나셨습니다. 그리고 인터뷰를 시작하실 때 풍수의 탄생이 급진적 개혁의 마지막 산물이라고 말씀하셨는데요. 이 개혁은 언제 시 행하셨나요?

법흥왕   제가 하늘나라로 떠나고 나서 급진 개혁의 마지막 산 물인 풍수의 탄생이 이뤄졌습니다.

시리   그게 무슨 말씀이신가요? 혹시 지증 마립간 임금님처 럼 돌아가시기 전에 유언을 남겼고, 그 유언이 임금님 의 죽음을 통해 실현되면서 풍수가 탄생했다는 의미인 가요?

법흥왕   예, 맞아요. 제가 살았을 때는 시행하기 어려운 개혁을 저의 죽음을 통해 실현하고자 한 것이 풍수의 탄생입 니다.

시리   아휴, 부전자전父傳子傳이셨네요.

법흥왕   부전자전요? 하하하! 강국 신라를 향한 열망으로 가

득 찼던 아버지로부터 배운 것을 제가 그대로 실천했을 뿐입니다.

시리 대단하십니다. 그런데 임금님, 시간이 거의 다 되었는데요. 풍수의 탄생 이야기를 짧게나마 부탁드려도 될까요?

법흥왕 짧게 설명하기는 조금 어려울 것 같습니다. 이번에 저를 초대한 것이 강국을 향한 우리 신라의 개혁에서 풍수의 탄생이 어떤 의미를 갖는지 그 이야기를 듣기 위해서였잖아요. 그러니 설명이 길어질 수밖에 없을 듯합니다. 이번 인터뷰는 여기까지만 하고 다음 주에 자세히 설명드리겠습니다. 다음 주에 들으면 아시겠지만 풍수의 탄생은 신라라는 나라 전체에도 영향을 미쳤지만 수도였던 경주라는 고대도시를 일신시키는 힘을 갖고 있었습니다.

시리 짧은 말씀만으로도 다음 주가 무척이나 기대됩니다. 오늘은 강국 신라를 향한 개혁이 지증 마립간 임금님 때 어떻게 시작되었고 법흥왕 임금님 때 어떻게 완성되었는지, 짧다면 짧고 길다면 긴 40년간의 긴장되고 흥미진진한 이야기를 새롭게 듣는 시간이었습니다. 오늘의 주인공 법흥왕 임금님을 뵐 수 있어서 정말 좋았고요. 함께 자리해 주신 궁금 씨와 청중 열 분, 그리고 늦게까지 시청해 주신 시청자 여러분께 진심으로 감사드립니다. 편안한 밤 되십시오.

급진 개혁의
마지막 산물,
무덤 조영의 풍습을
혁신하다

시리　안녕하세요. 역사 방송 아나운서 안시리, 인사드립니다. 지난주에는 신라 제23대 법흥왕 임금님을 모시고 강국 신라를 만들기 위한 급진적 개혁이 지증 마립간 임금님으로부터 시작되서 법흥왕 임금님까지 40년간 어떤 과정을 거쳐 어떻게 완성되었는지 자세히 들을 수 있었습니다. 국사를 조금이라도 공부하신 분들이라면 익히 들어 본 개혁이 많이 있었을 텐데요. 그 배경이나 의미에 대해 개혁의 주체였던 법흥왕 임금님으로부터 직접 들으니, 목숨과 임금의 자리를 걸고 추진했던 엄청난 개혁이었다는 것을 새삼 깨닫게 되었습니다. 오늘은 지난주에 예고되었듯이 법흥왕 임금님이 죽음을 통해 추진한 개혁의 마지막 산물, 풍수의 탄생에 대해 본격적으로 들어 보는 시간을 갖도록 하겠습니다. 법흥왕 임금님, 어서 오십시오. 환영의 큰 박수 부탁드립니다.

법흥왕　시청자 여러분, 안녕하세요. 2주 연속 출연하게 되어 영광입니다. 오늘 스튜디오에 오다 보니까 장대비가 대단합니다. 제가 살았던 시대나 지금이나 변하지 않은 것은 억수같이 쏟아지는 장맛비가 아닌가 하는 생각이 듭니다. 오늘은 저 법흥왕과 풍수의 탄생이 얼마나 잘 어울리는 역사의 조합인지 제대로 보여 드리도록 최선을 다하겠습니다.

돌무지덧널무덤, 거대한 봉분과 화려한 껴묻거리

시리 거짓말 하나 안 보태고 임금님께서 해 주실 풍수의 탄생 이야기가 정말 기대되는데요. 오늘도 첫 질문은 우리 프로그램의 양념, 역사도우미 궁금 씨가 해 주시도록 하겠습니다. 궁금 씨, 잘 준비해 오셨죠?

궁금 안녕하세요. 역사도우미 궁금, 시청자 여러분께 힘차게 인사드립니다. 하지만 첫 질문을 생각하면 눈앞이 캄캄합니다. 지난주에 그렇게나 흥미진진하고 재미있게 신라의 개혁 이야기를 들었고, 또 개혁의 마지막 산물이 풍수의 탄생임을 예고 받았음에도 오늘 첫 질문을 어떻게 드려야 할지 잘 모르겠습니다. 자료를 찾기가 정말 어렵더라고요. 아니다, 자료를 아예 찾지 못했습니다. 그래서 오늘은 임금님께서 먼저 이야기의 실마리를 풀어 주셨으면 좋겠습니다.

법흥왕 그래요? 음…… 충분히 이해됩니다. 하늘나라에서 보니까 지금까지도 저와 풍수의 탄생을 연결시킨 연구가 없더라고요. 그러니 미리 예습하려고 해 봤자 예습할 자료 자체를 찾을 수 없었을 테니 많이 답답했겠네요. 그럼 이렇게 해 보죠. 제가 먼저 궁금 씨에게 질문을 하나 하겠습니다.

궁금 예? 질문을요? 어려운 질문은 아니겠죠?

법흥왕 쉬운 질문이니 너무 걱정하지 마세요. 궁금 씨, 혹시 경주에 가 보셨죠?

궁금 예, 여러 번 가 봤습니다. 어렸을 때 부모님을 따라서 한 번 가 봤고, 중학교 수학여행 때도 가 봤습니다. 그런데 그때는 아무 생각 없이 따라간 거라 기억나는 게 별로 없고, 대학교 이후에 여행 갔을 때 본 것은 기억이 많이 납니다.

법흥왕 좋습니다. 경주에 가서 본 것 중에 가장 기억에 남는 것은 무엇이었나요? 아니다, 부모님을 따라서 갔을 때와 수학여행으로 갔을 때 기억나는 것이 별로 없다고 했는데요. 그래도 어렴풋이나마 기억나는 것이 있다면 무엇이 있을까요?

궁금 어렴풋이라도요? 음…… 대릉원에서 봤던 무덤 하나
　　　하나를 기억하지는 못하지만 큰 무덤을 봤다는 기억은
　　　또렷합니다.

법흥왕 무슨 말인지 알겠습니다. 그럼 안시리 아나운서는요?

시리 뭐, 저도 궁금 씨와 별반 다르지 않습니다.

법흥왕 두 분의 대답을 기초로 이제부터 본격적으로 이야기해
　　　보겠습니다. 우리 신라의 영역과 가야 지역에서는 300
　　　년대 중반쯤부턴가 경쟁적으로 무덤을 거대하게 그리
　　　고 다량의 화려한 껴묻거리(부장품)를 묻어 권위를 표현
　　　하는 현상이 나타났습니다. 물론 그 전에도 임금이나
　　　귀족들의 무덤에 화려한 껴묻거리를 함께 묻어서 권위
　　　를 표현하기는 했지만, 그렇다고 봉분을 거대하게 만
　　　들지는 않았거든요. 그런데 앞의 인터뷰인 서울 편에
　　　서 이미 궁궐 설명을 통해 들으셨겠지만, 무덤이 거대
　　　하게 보이려면 바로 주변에 높은 산이 있으면 안 돼요.
　　　무덤을 아무리 크게 만들어도 더 큰 산 때문에 상대적
　　　으로 크고 거대하게 보이지 않잖아요. 그래서 보통 두
　　　가지 방법을 사용했습니다. 말로만 하면 이해가 어려울
　　　것 같아서 경주의 대릉원과 고령의 지산동 고분군 풍

경주의 대릉원 일대(위)와 고령의 지산동 고분군(아래)

경 사진을 각각 한 장씩 가져왔습니다.

첫 번째는 위쪽의 사진에 보이는 우리 신라의 경주처럼 산이 저만치 물러가 있는 완전 평지에 거대한 고분군을 만드는 것입니다. 두 번째는 아래쪽의 사진에 보이는 대가야의 고령처럼 산의 능선이나 언덕 위에 아주 잘 보이라고 거대한 고분군을 만드는 것입니다. 경주와 같은 경우는 고성 등 일부 지역에서만 나타났고요. 함안·합천·창녕·양산·경산·대구·성주·선산 등 대부분의 지역에서는 고령과 같은 경우였습니다.

시리 저렇게 사진으로 비교해 보니까 두 지역의 고분군 풍경이 뚜렷하게 구별되네요.

법흥왕 맞아요. 하지만 저 두 사진의 공통점도 보셨으면 좋겠습니다. 이미 말씀드렸지만 평지든, 산의 능선이나 언덕 위든 어떻게든 크고 높게 보이려고 주변에 더 높고 큰 산이 없는 곳으로 무덤의 위치를 잡았다는 것이 공통점입니다.

시리 임금님의 말씀을 들으니 차이점이 아닌 공통점이 보이기 시작하네요.

법흥왕 시각적인 현상에서 대부분의 사람들은 일반적으로 공통점보다는 차이점을 먼저 보게 됩니다. 왜냐하면 공통점, 즉 같은 것을 찾는 것보다 차이점 즉, 다른 것을 찾는 것이 훨씬 쉽고 재미있거든요. 그런데 차이점 속에서 공통점을 찾아낼 수 있는 눈, 그것이 별것 아닌 것 같지만 역사를 수준 높게 이해하고 해석할 수 있는 눈이지요. 앞의 두 사진에서 경주의 대릉원은 평지를, 고령의 지산동 고분군은 산의 능선 위를 선택했지만, 둘 다 어떻게든 무덤들이 크고 높게 보이도록 하려는 의도가 짙게 깔려 있다는 것을 금방 알 수 있을 거예요.

시리 궁금 씨와 저에게 경주 여행에서 어렴풋하게 기억나는 것을 물어보신 이유가, 크고 거대한 무덤들은 도시를 대표하는 랜드마크의 역할을 할 수 있다는 것을 알게 하기 위해서였군요.

법흥왕 예, 맞아요. 지금도 경주에 갔다 오면 크고 거대한 무덤들을 랜드마크로 기억하고 있듯이 옛날에도 마찬가지였거든요. 크고 거대하다는 것은 그 자체만으로도 강렬한 인상을 남길 수 있죠. 그렇기 때문에 무덤 속의 주인공과 그 주인공의 자손들이 갖고 있던 신분적 권위를 표현하는 가장 단순하면서도 쉬운 방법으로 채택되는 경우가 많았습니다. 그리고 일단 채택되고 나면 국력이 급속히 쇠퇴하지 않는 한 후대로 갈수록 '더 크고 더 거대하게!', 이런 슬로건이 일반화됩니다. 동시대에 조영된 무덤들은 신분과 지위에 따라 크기가 다르겠지만, 시간의 흐름에 따라 평균적으로 '더 크고 더 거대하게!', 이런 경향성이 나타나게 됩니다. 궁금 씨, 혹시 경주 시내에서 가장 크고 거대한 무덤의 높이와 밑변의 지름이 얼마인지 아세요?

궁금 가장 거대한 무덤이 황남대총이라는 사실은 익히 알고 있지만, 구체적인 높이와 밑변의 지름은 모릅니다. 얼마인가요?

법흥왕 그러면 우선 황남대총을 사진으로 만나 볼까요?

황남대총은 북쪽(왼쪽)의 여자 무덤과 남쪽(오른쪽)의 남자 무덤을 연결한 쌍무덤입니다. 동서 지름은 80미터, 남북 지름은 120미터나 되며, 높이는 북쪽 무덤이 23미터, 남쪽 무덤이 22미터입니다. 아파트 한 개 층의 높이가 보통 2.8미터라고 하니까 아파트 약 8층 높이의 무덤이죠. 가서 보신 분들은 아시겠지만 무덤이라기보다는 작은 산이라고 해도 무방할 정도입니다. 북쪽 무덤에서는 금관, 남쪽 무덤에서는 금동관을 비롯해 5만 8천여 점의 엄청난 껴묻거리가 출토되었습니다.

궁금 그런데 임금님, 꼭 남의 이야기 하듯이 말씀하시는데요. 황남대총의 주인공이 누구신지 임금님은 알고 계신 것 아닌가요?

법흥왕 하하하! 이야기에 집중하다가 보니까 잠시 제가 신라의 제23대 임금 법흥왕이라는 사실을 잊었네요. 물론 황남대총의 주인공이 누구신지 저야 당연히 알죠. 하지만 하늘나라에서 인터뷰에 출연하는 것을 허락할 때 아직 밝혀지지 않은 것은 이승 연구자의 몫으로 남겨두는 것을 조건으로 내걸었다고 했잖아요. 그래서 기록이나 발굴 등을 통해 밝혀진 것에만 입각해 이야기하다 보니 꼭 남의 이야기 하듯이 말씀드린 것 같습니다. 이해하며 들어 주시면 감사하겠습니다.

시리 무슨 말씀인지 알겠습니다. 말씀을 들어 보니 황남대총의 규모와 껴묻거리의 양이 엄청난데요. 혹시 황남대총에 버금가는 또 다른 무덤도 있나요?

법흥왕 있죠. 아직 발굴되지 않은 무덤인데요. 대릉원 북쪽의 노동동 고분군에 있는 일명 봉황대총이라 불리는 무덤

황남대총

입니다. 지름이 82미터, 높이가 22미터인데, 황남대총
처럼 쌍무덤이었으면 아마 비슷한 크기였을 겁니다. 한
번 사진으로 보실래요?

노동동 고분군의 봉황대총(위)과 노서동 고분군의 서봉황대총(아래)

위쪽에 있는 것이 봉황대총인데요. 무덤에 있는 거대한 느티나무와 비교해 보시면 그 규모가 얼마나 큰지 쉽게 짐작할 수 있지 않을까 합니다. 아래쪽에 있는 노서동 고분군의 무덤은 봉황대총과 쌍벽을 이룬다고 해서 서봉황대총이라는 별명이 붙었는데요. 봉황대총보다 약간 작긴 하지만 가서 직접 보면 진짜 거대합니다.

시리 임금님, 경주가 아닌 다른 지역에도 황남대총이나 봉황대총처럼 큰 무덤이 있나요?

법흥왕 음…… 무덤 자체의 높이나 밑변의 지름으로만 본다면 우리 신라와 가야가 있던 경상도 지역에서 황남대총이나 봉황대총에 필적할 만한 무덤은 없습니다. 가장 높아 봐야 10미터보다 조금 더 큰 무덤일 텐데요. 그럼에도 멀리서 바라보면 경주 시내의 무덤들 못지않게 크고 거대해 보인답니다.

궁금 황남대총이나 봉황대총보다 작은데 왜 비슷한 크기로 보이나요?

법흥왕 왜냐고요? 경주 시내의 무덤들이 평지에 있는 반면, 경주 이외 지역의 무덤들 대부분은 산의 능선이나 언덕 위에 집단적으로 만들어졌기 때문입니다. 멀리서 보면 실제보다 더 높고 거대하게 보이거든요.

시리 임금님, 무덤의 형식과 구조에서도 경주와 경주 이외
지역에서 큰 차이가 있다고 들었는데, 맞나요?

법흥왕 맞아요. 우리 경주에 있는 무덤과 다른 지역에 있는 무
덤은 형식과 구조가 전혀 달랐습니다. 우리 경주에서
는 돌무지덧널무덤(적석 목곽분)이었고, 다른 지역에서
는 거의 모두 구덩이식 돌덧널무덤(수혈식 석곽분)이었
죠. 구덩이식 돌덧널무덤은 구조가 단순해서 대부분
도굴된 데 반해 돌무지덧널무덤은 구조가 복잡해서 도
굴이 거의 되지 않았습니다. 그래서 여러분들이 지금
경주의 천마총과 국립경주박물관에 가면 무덤에서 발
굴된 찬란했던 우리 신라의 유물들을 다른 지역에 비
해 훨씬 많이 볼 수 있게 된 겁니다.

궁금 돌무지덧널무덤의 구조가 어떻길래 도굴이 거의 되지
않았다고 말씀하시는 건가요?

법흥왕 시청자 여러분들도 궁금해하실 것 같아서 간단하게나
마 설명을 해 드리는 게 좋을 것 같네요. 말로만 하면
이해가 어려울 것 같아서 먼저 도굴이 많이 된 구덩이
식 돌덧널무덤의 구조를 보여 주는 그림을 준비했습니

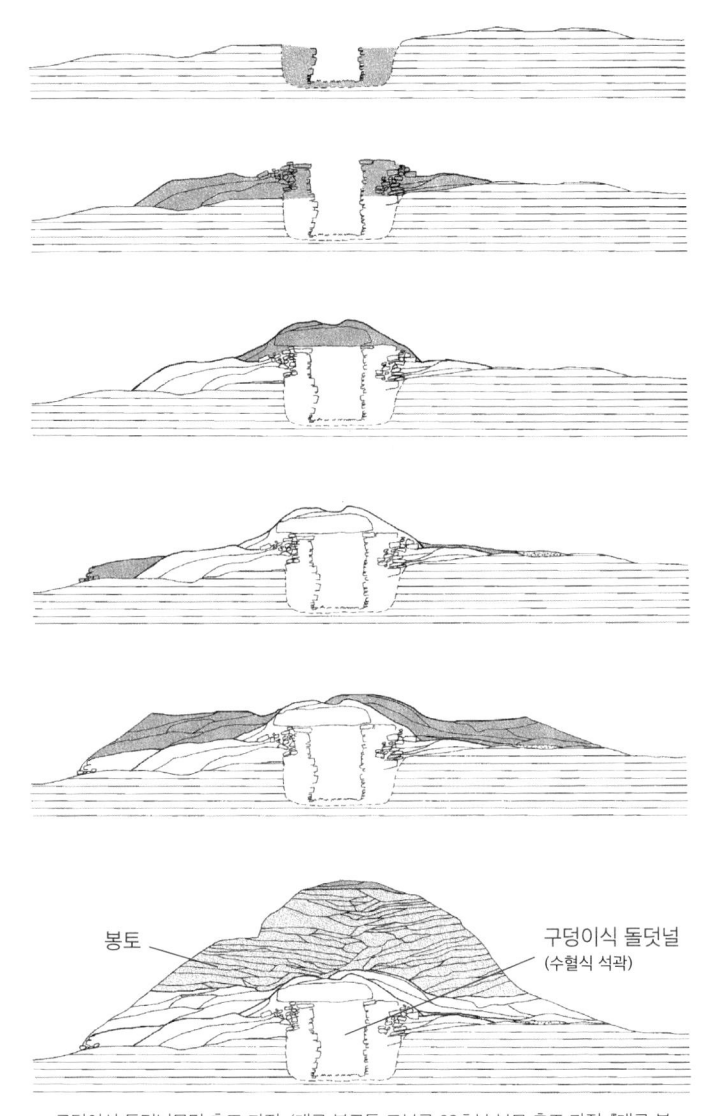

봉토

구덩이식 돌덧널
(수혈식 석곽)

구덩이식 돌덧널무덤 축조 과정. (대구 불로동 고분군 93호분 분묘 축조 과정. 『대구 불로동 고분군 발굴 조사 보고서』 232쪽, 경상북도문화재연구원, 2004.)

다. 한번 보시죠.

구덩이식 돌덧널무덤은 옆으로 돌을 차곡차곡 쌓아 올리고 그 위에 넓은 덮개돌을 덮어서 돌덧널(석곽)을 만들었습니다. 그리고는 흙을 다져서 봉토를 쌓고 그 위에 잔디를 덮었는데요. 구덩이를 위에서 파듯이 돌덧널을 만들었다고 해서 구덩이식 돌덧널무덤이라고 한 겁니다. 여기서 시신과 껴묻거리는 돌덧널 안에 놓이게 되는데요. 도굴꾼들이 옆으로 파고 들어가서 돌덧널의 옆면을 뚫든지, 아니면 위에서 파고 들어가 덮개돌을 제거하면 도굴을 쉽게 할 수 있습니다.

시리   그림과 비교하면서 설명을 들으니 이해가 잘 되는데요. 그러면 돌무지덧널무덤의 구조는 어떻게 이뤄져 있나요?

법흥왕   그럼 돌무지덧널무덤 구조의 그림도 한번 볼까요?

돌무지덧널무덤은 먼저 시신을 넣은 나무널(목관)을 놓고 그 위에 훨씬 더 큰 나무덧널(목곽)을 만들어 세웁니다. 그러면 그 사이에 넓은 공간이 생기는데요. 여기에 껴묻거리 상자를 놓습니다. 그리고는 경주의 북천에 있던 밥통만 한 둥그런 냇돌을 가져와 나무덧널 위

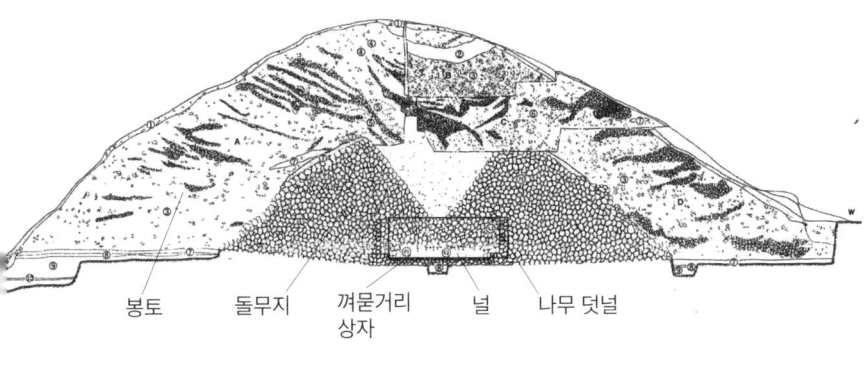

봉토   돌무지   껴묻거리   널   나무 덧널
상자

천마총의 돌무지덧널무덤 단면도(『천마총 발굴 조사 보고서』, 문화공보부문화재관리국,
1974년)

에 견고하게 여러 겹 쌓아 돌무지 부분을 만들고요. 그
위에 흙을 두껍게 다져서 올린 후 잔디를 덮습니다. 이
런 구조라서 돌무지덧널무덤이라고 이름 붙인 건데요.
도굴을 당하지 않게 된 결정적인 구조가 바로 밥통만
한 둥그런 냇돌을 여러 겹으로 쌓아 놓은 돌무지 부분
때문입니다. 도굴꾼들은 무덤의 옆 또는 위쪽에서 굴
을 파고 들어가 도굴하는데요. 돌무지덧널무덤은 그게
거의 불가능합니다. 밥통만 한 둥그런 냇돌을 여러 겹
으로 쌓아 놓은 돌무지 구간에도 굴을 파고 들어가야
하는데, 그게 잘못 건드리면 확 무너집니다. 그래서 굴을 파고 들어가다가 무너진 밥통만 한 냇돌에 깔려 죽을 확률이 아주 높죠. 도굴꾼들도 그것을 잘 알기 때문에 쉽사리 도굴을 시도하지 못한 겁니다. 물론 공식적인 발굴 과정에서는 굴을 파지 않고 오랜 시간과 장비를 들여 순서대로 하나하나 걷어 내기 때문에 깔려 죽을 가능성은 없습니다. 경주의 천마총에 가시면 무덤 내부로 들어가 돌무지덧널무덤의 구조를 잘 볼 수 있도록 만들어 놨으니 한번 가서 보시기 바랍니다.

시리 그러면 임금님께서는 약 200년 동안 지속된, 크고 거대하며 또 많은 껴묻거리를 묻는 돌무지덧널무덤의 전통을 개혁하고 싶으셨다는 거네요? 그리고 그런 개혁은 스스로 실천하지 않은 채 명령만 한다고 해서 되는 게 아니기 때문에 임금님께서 하늘나라로 떠났을 때 자신의 무덤을 돌무지덧널무덤으로 만들지 말라는 유언을 통해 이루려고 하신 것이고요.

법흥왕 안시리 아나운서가 정확하게 정리해 주셨습니다. 아버지 지증 마립간께서 순장의 금지를 통해 무덤의 조영 전통을 개혁하기 시작했지만 더 이상의 개혁을 진전시키기는 어려웠어요. 아마 개혁 중에서 가장 어려운 개혁이 무덤의 조영 방식과 그 무덤을 매개로 이뤄지는 각종 제사 형식의 전통일 겁니다.

내 무덤을 산 아래에 만들어라

시리 무슨 말씀인지 알겠습니다. 그런데 임금님, 돌무지덧널무덤을 만들지 말라는 유언이 아예 무덤을 만들지 말라는 의미는 아니셨죠?

법흥왕 예, 그건 아니었어요. 돌무지덧널무덤을 만들지 말라는 것은 크고 거대한 봉분을 만들고 많은 껴묻거리를 함께 묻는 전통을 개혁하라는 의미였습니다.

궁금 그러면 거꾸로 생각하면 되는 거네요? 거대한 봉분을 만들지 말고 껴묻거리도 많이 묻지 마라!

법흥왕 맞아요. 궁금 씨가 말한 대로예요.

궁금 그러면 임금님 다음에 즉위하신 진흥왕 임금님께서 그 유언을 그대로 지키셨나요?

법흥왕 지켰죠. 그러니까 아버지 지증 마립간에서 시작돼 저에게서 완성된 급진 개혁의 마지막 산물이 풍수의 탄생이라고 말씀드릴 수 있는 거죠. 여기서 진흥왕에 대해 잠깐 말하면, 저의 아들이 아니었습니다.

시리 그러면 혹시 예순네 살의 육촌으로 임금의 자리에 오르신 지증 마립간 임금님의 사례와 비슷한 건가요?

법흥왕 그렇지는 않습니다. 진흥왕은 제 동생 입종갈문왕의 아들이었습니다. 저에게 아들이 없었기 때문에 그렇게 되었죠.

궁금 그러면 동생이신 입종갈문왕께서 임금의 자리를 이을 수도 있었던 것 아닌가요?

법흥왕 그렇게 생각될 수도 있죠. 차근차근 이야기해 드리면, 동생 입종갈문왕은 저보다 먼저 죽었기 때문에 그렇게 할 수 없었습니다. 그래서 어쩔 수 없이 그 아들인 진흥왕을 임금의 자리에 앉히라고 한 건데요. 문제는 그때 진흥왕의 나이가 겨우 일곱 살이었다는 거예요. 아무리 교육을 잘 받았다고 해도 나이가 너무 어려서 판단력이 떨어지니까 그 어머니가 잠시 섭정을 맡을 수밖에 없는 상황이었습니다.

시리 그렇다면 아직도 잔존해 있을지 모르는 개혁의 반대 세력 때문에 임금님의 유언은 말할 것도 없고, 40년간 추진된 개혁 정책이 계속 이어질 수 있을 지도 장담할 수 없는 상황이었겠네요.

법흥왕 역사를 보다 보면 어린 임금이 등극했을 때 그런 사례
가 꽤 있었죠? 참고 참아 오던 개혁의 반대 세력들이
섭정하는 어머니와 그 친정 세력을 등에 업고 국정을
맘대로 농단하는 식이요. 하지만 저는 아버지 지증 마
립간으로부터 배운 것 중의 하나가 급진 개혁일수록
치밀하고 장기적인 계획을 세워야 성공한다는 것이었
어요. 또한 제가 계속 아들이 없었기 때문에 동생 입종
갈문왕이나 그 아들을 임금으로 세워야 하는 상황이
올지도 모르는 상황을 대비해야 했습니다. 다행히 동생
입종갈문왕은 아버지의 개혁 정책에 저처럼 적극 찬성
하는 인물이었기 때문에 별문제가 되지 않았는데요. 하
지만 혹시라도 저보다 먼저 죽으면 다음 상황도 대비
해야 되잖아요. 그래서 제가 취했던 방법이 바로 저의
딸 지소와 동생 입종갈문왕을 결혼시키는 것이었습니
다. 그 사이에서 아들이 태어나면 저의 조카이자 손자
가 되니 핏줄이라는 관점에서 그보다 진한 관계를 찾
기도 쉽지 않겠죠. 진흥왕이 그렇게 태어났습니다.

궁금 딸과 동생을 결혼시켰다고요? 두 사람은 삼촌 관계잖

아요. 그게 가능한 일인가요?

법흥왕 여기서도 조선을 표준으로 생각하지 말라는 말을 하고 싶네요. 하늘나라에서 보니까 얼마 전까지만 하더라도 대한민국에서는 법적으로 동성동본同姓同本의 결혼이 금지되었고, 이게 천륜天倫이었던 것처럼 자연스럽게 여겼잖아요. 물론 지금은 동성동본의 결혼이 법적으로 아무 문제가 없고, 친가든 외가든 팔촌 이내의 근친혼만 금지된 것으로 알고 있습니다. 어쨌든 동성동본의 결혼 금지는 조선에서 발생한 것이고, 그 이전에는 그런 금지가 없었습니다. 아마 세계적으로 볼 때도 동성동본의 결혼 금지와 같은 관습이나 법률은 조선과 그것을 이어받은 대한민국에서만 있었던 특이한 현상일 겁니다. 좋고 나쁘고를 떠나서 삼촌 관계의 결혼이 세계적으로 아주 희귀한 사례는 아니랍니다. 모든 신분에서 광범위하게 이뤄졌다고 말하기는 어렵더라도 권력을 갖고 있는 최고 지배 신분의 경우 권력을 대대손손 독점하기 위해 삼촌 관계의 결혼을 한 경우가 꽤 있었고, 우리 신라도 그중의 하나였습니다. 심한 사례로는 고려를 건국한 태조 왕건 자식들의 경우 아버지는 왕건으로 같고 어머니가 다른 자식들끼리의 결혼도 있었습니다. 본인이 현재 갖고 있는 윤리 또는 가치관이 시공간을 뛰어넘는 보편성이 있는 것처럼 착각하면서 역사를 이해하려 하면 편협한 결론밖에 내리지 못할 겁니다.

시리 본인의 윤리나 가치관이 시공간을 뛰어넘는 보편성을 갖고 있다고 착각하지 말라! 이 말씀은 과거뿐만 아니라 현재와 미래를 보고 판단할 때도 우리가 두고두고 있지 말아야 할 격언인 것 같습니다.

법흥왕 아휴, 안시리 아나운서가 제 말을 격언으로까지 말해 주시니 감사할 따름입니다. 어쨌든 삼촌 관계인 제 동생과 딸이 결혼한 것이 좋으냐 나쁘냐의 문제는 더 이상 언급하지 않기로 하고요. 제 딸인 지소부인은 어린 진흥왕을 대신해 섭정하면서 저의 유언을 충실하게 실행했습니다.

시리 여기서 하나 여쭙고 싶은 게 있습니다. 그러면 임금님의 무덤은 어디에 있나요?

법흥왕 제 무덤이요? 안시리 아나운서가 한번 맞혀 보실래요?

시리 음…… 너무 어려운 문제를 저에게 내 주시네요. 지금

노서동 고분군　노동동 고분군
서봉황대총
봉황대총
황오동 고분군
황남대총
대릉원
인왕동 고분군
황남동 고분군
첨성대
동궁과월지
월성
교동동 고분군

경주에 가면 황남대총이 있는 황남동 고분군의 대릉원을 중심으로, 북쪽으로 봉황대총이 있는 노동동 고분군과 노서동 고분군, 동쪽으로 인왕동 고분군과 황오동 고분군, 남쪽으로 교동 고분군이 있습니다. 옛날의 행정 구역별로 고분군을 나눠 이름을 붙였지만 실제로는 모든 고분군이 연결된 신라 왕실과 귀족의 거대한 공동묘지라고 들었습니다. 임금님의 무덤도 아마 그 가운데 어딘가에, 특히 노동동 고분군이나 노서동 고분군 어딘가에 있지 않을까 조심스레 추정해 봅니다.

법흥왕 안시리 아나운서가 경주 시내의 고분군에 대해 상당히 잘 알고 있네요. 대단한데요?

시리 원래도 관심이 있었는데, 방송 시작 전에 공부를 조금 더 했습니다.

법흥왕 경주 시내의 고분군은 거대한 영역을 차지하고 있는데요. 월성 북쪽의 인왕동 고분군과 황오동 고분군에서 시작해 황남동 고분군과 교동 고분군으로, 그리고 마지막으로 노동동 고분군과 노서동 고분군으로 확산되어 나갔습니다. 『삼국사기』에는 저 법흥왕 이전에 무덤의 위치가 표시된 우리 신라의 임금님으로 1대 혁거세 거서간, 2대 남해 차차웅, 3대 유리 이사금, 5대 파사 이사금의 사릉원 네 분, 4대 탈해 이사금의 양정 언덕 한 분 등 총 다섯 분이 나옵니다. 6대 지마 이사금부터 저의 아버지 22대 지증 마립간까지는 무덤의 위치가 나오지 않는데요. 모두 경주 시내의 거대한 고분군에 무덤을 만들었기 때문입니다. 물론 이 공동묘지에는 임금을 포함한 왕족뿐만 아니라 귀족들의 무덤이 함께 섞여 있었습니다. 어쨌든 이런 경향을 보면 저의 무덤도 경주 시내의 거대한 고분군 어딘가, 특히 황남대총, 봉황대총, 서봉황대총 등 가장 높고 거대한 무덤이 있는 지역 어딘가에 만들었다고 자연스럽게 추정할 수 있을 겁니다. 하지만 음…… 그곳에 저의 무덤을 만들었다면 그것이 과연 개혁적이었다고 말할 수 있을까요?

궁금 그게 무슨 말씀이신가요?

법흥왕 저의 무덤 개혁에 대한 계획은 경주 시내의 거대한 공동묘지로부터 떠나는 것을 전제로 이뤄졌습니다. 아무리 무덤의 규모를 줄이고 무덤의 형식을 바꾸더라도 경주 시내의 거대한 공동묘지에 만들면 혹시라도 개혁의 열기가 약해졌을 때 장소에 대한 강한 관성의 영향을 받아 거대한 돌무지덧널무덤으로 돌아갈 가능성이 있지 않겠어요? 그것을 미연에 방지하려면 일단 경주 시내의 거대한 공동묘지로부터 벗어나야 했습니다.

시리 무슨 말씀인지 알겠습니다. 그렇다면 임금님의 무덤은 어디로 이동했나요?

법흥왕 산으로 떠났습니다.

궁금 예? 산으로요?

법흥왕 예. 산으로요. 『삼국사기』에는 저의 무덤과 관련해 "애공사 북쪽 봉우리에 장사지냈다.(葬於哀公寺北峯)"는 문구가 기록되어 있어요. 제가 저의 무덤 터로 지정해서 유언한 산의 이름을 후대의 사람들이 '애공사 북쪽 봉우리'로 기록한 것이지요.

시리 그런데 임금님, 여기서 궁금한 것이 하나 있습니다. 대가야의 고령을 비롯해 산의 능선이나 언덕 위에 거대한 무덤을 만든 고분군이 경상도 곳곳에 있다고 말씀하셨는데요. 그렇다면 무덤 터를 산에 지정했다는 사실만으로는 무덤의 규모를 줄이고 형식을 바꾸라는 임금님의 유언과 직접적으로 연결하기가 어려울 것 같은데요.

법흥왕 안시리 아나운서가 예리하시네요. 맞아요. 산의 능선이나 언덕 위에 만드는 것은 무덤을 더욱 크고 거대하게 보이려는 의도가 있을 때의 선택이니까, 제가 산의 능선 위에 만들라고 하지는 않았겠죠?

궁금 산의 능선 위가 아니라면 산 아래인가요?

법흥왕 예, 정확히 맞혔어요. 바로 산 아래예요.

궁금 그러면 아무리 무덤을 크게 만들어도 훨씬 더 큰 산 때문에 작게 보일 것 같은데요.

법흥왕 당연히 그렇죠. 황남대총이나 봉황대총, 서봉황대총이라고 해도 산 아래에 있었다면 시각적으로 거대한 느낌이 확실히 약해졌을 거예요. 그러니 산 아래에 만들라는 나의 유언은 아무리 크게 만들어도 더 큰 산 때문에 상대적으로 크게 보이지 않는다는 것을 알고 남긴 것이죠.

시리 이 말에는 뭔가 풍수의 냄새가 솔솔 풍기는데요?

법흥왕 어떤 것 때문에 풍수의 냄새가 난다고 했는지 여쭤봐도 될까요?

시리 서울 편 1을 할 때 정도전 선생님이 풍수의 원리에 따라 터를 잡고 도시를 계획한 서울에서는 북악산 아래에 아무리 큰 건축물을 지어도 크게 보이지 않기 때문에 경복궁의 건축물 그 자체는 크고 거대하게 만들지 않았고, 그렇기 때문에 세계적 차원에서 가장 작은 축에 들게 된 것이라고 말씀하셨거든요. 그 말과 일맥상통하는 것 같아서요.

법흥왕 안시리 아나운서가 정확하게 맥을 짚었습니다. 저도 하늘나라에서 서울 편 1과 2를 다 봤는데요. 정도전 선생의 그 말을 듣고서는 제가 우리 신라에서 무덤을 개혁할 때의 생각과 정말 비슷하다는 느낌이 팍 들더라고요. 그때 알았죠. 무덤에 대한 저의 개혁적 생각이 우리 신라에서 풍수의 탄생으로 나타난 것이었구나!라고 말이죠.

궁금 그러면 임금님께서는 중국의 풍수 경전을 보고서 저런 논리를 생각해 내신 건가요?

법흥왕 음…… 그건 비밀로 할게요. 이것도 이승 연구자의 몫으로 남겨 두도록 하죠.

궁금 정말 궁금한데……. 임금님, 너무하세요.

법흥왕 말씀드리면 제가 하늘나라에 돌아가서 큰 벌을 받을 텐데, 그래도 들으시겠어요?

시리 아, 아닙니다. 그런 일이 일어나선 안 되지요. 아무튼 임금님의 말씀이 무슨 뜻인지 충분히 알겠습니다. 더 이상 묻지도 따지지도 않겠습니다.

법흥왕 하하하! 감사합니다. 그렇게 물어볼 때마다 제가 자꾸 난처해져서 좀 강하게 이야기한 겁니다. 이해해 주십시오.

법흥왕릉 여행, 풍수의 원형을 만나다

시리 잘 알겠습니다. 그러면 임금님, 이제부터는 산 아래 만들었다는 임금님의 무덤을 직접 보여 주며 설명해 주실 시간이 된 것 같은데요. 어떠신가요?

법흥왕 그게 참… 좀 망설여집니다.

궁금 왜요? 임금님의 무덤인데 왜 망설여지십니까?

법흥왕 저는 제 무덤이 지금 어디에 있는지 당연히 알고 있지만 1,500년 가까이 지나면서 제 무덤의 정확한 위치에 대한 유물 증거가 사라져 버려 이승의 연구자들이 여러 문헌 기록과 유적을 비교해 가면서 주장해야 하는 상황이거든요. 그러니 대놓고 '이게 나의 무덤이다!'

이렇게 말하면서 설명할 수는 없습니다.

시리 　임금님, 그러면 어떻게 설명을 들을 수 있나요?

법흥왕 　이번 인터뷰에서는 신라 왕릉의 전문 연구자가 주장하는 내용을 사실로 받아들이며 이야기를 전개해 나가겠습니다. 경주시 효현동에는 저의 무덤이라고 전해지는 소형의 법흥왕릉이 하나 있는데요. 『신라왕릉연구』(이근직, 2012)에서는 조상 무덤의 조성에서 풍수가 일반화된 1730년(영조)에 경주 김씨 일족이 김씨 계열의 많은 신라 왕릉을 비정할 때 효현동 삼층 석탑이 있는 절터를 애공사로 상정해 임의대로 정한 것이라고 하면서 '무덤이 서악동에 있다'는 『신증동국여지승람』의 문헌 기록과 어긋나기 때문에 잘못된 것이라고 주장하더라고요. 그러면서 '애공사 북쪽 봉우리에 (법흥왕을) 장사지냈다'는 『삼국사기』의 기록, '(법흥왕의) 능이 애공사 북쪽에 있다'는 『삼국유사』의 기록, '(법흥왕의) 무덤이 서악동에 있다'는 『신증동국여지승람』의 기록과 여러 유적을 비교 검토해 저의 무덤, 즉 법흥왕릉이 서악동 고분군의 네 개 무덤 중 가장 동쪽의 무덤이라고 주장하더라고요. 이번 인터뷰에서는 이 연구 결과를 그대로 수용하겠는데요. 우선 서악동 고분군부터 볼까요? 옆쪽에 위 사진은 하늘에서 촬영했고, 아래 사진은 고분을 아래쪽에서 보고 위쪽으로 찍은 겁니다. 위 사진에서 가장 아래쪽에 있는 무덤을 제23대인 저 법흥왕의 무덤이라고 봤고, 그다음 무덤이 저의 왕비인 박씨 보도부인, 세 번째 무덤이 제24대 진흥왕릉, 가장 위쪽의 무덤이 제25대 진지왕릉이라고 보더라고요. 지금은 저의 무덤만 이야기하는 것이니까 나머지 세 개의 무덤은 그렇게 보고 있다는 정도에서만 그치고 일단 넘어가기로 하죠. 궁금 씨, 사진으로 보니까 어때요?

궁금 솔직히 사진만 보고는 확 다가오지 않습니다. 제가 저기에 가 봤는데요, 무덤들이 진짜 거대해서 깜짝 놀랐던 기억이 납니다. 음…… 임금님의 말씀을 들을 때는 고개를 끄덕였는데, 저 무덤을 상정하고 들었다면 달랐을 것 같습니다. 제가 직접 보고 느꼈던 것에만 입각해서 말씀드리면 거대한 봉분을 만들고 많은 껴묻거리를 함께 묻는 돌무지덧널무덤의 전통을 개혁하라는 임금님의 유언이 잘 지켜지지 않은 것 같습니다.

법흥왕 궁금 씨의 솔직한 의견 감사합니다. 우선 서악동 고분

서악동 고분군 하늘 촬영(위), 아래에서 위로 찍은 사진(아래). 가장 아래쪽에 있는 무덤이 23대 법흥왕릉(1)이고, 그다음 무덤이 법흥왕의 왕비인 박씨 보도부인(2), 세 번째 무덤이 24대 진흥왕릉(3), 가장 위쪽 무덤이 25대 진지왕릉(4)으로 보고 있다.

군 무덤들의 형식부터 알아보면 저의 유언을 잘 지켜서 경주 시내처럼 돌무지덧널무덤이 아니라 굴식 돌방무덤(횡혈식 석실분)으로 만들었습니다. 이 역시 말로만 하면 이해가 어려울 것 같아 굴식 돌방무덤의 가장 전형적인 그림을 갖고 왔으니, 한번 보시죠.

널(관)과 껴묻거리를 안치할 공간을 만들기 위해 돌을 차곡차곡 쌓아서 돌방(석실)을 만들고, 옆으로 굴처럼 입구를 낸 무덤이라서 굴식 돌방무덤(횡혈식 석실분)이라고 이름 붙인 겁니다. 입구를 찾아서 여닫을 수 있었기 때문에 가족이 죽을 때마다 시신을 함께 넣을 수 있는 가족장이 가능했죠. 또한 봉토 부분이 흘러내리지 않도록 무덤 아래쪽을 빙 둘러서 쌓은 호석護石이 있는 것이 특징이에요. 이런 특징 때문에 입구를 찾기만 하면 도굴도 쉬웠기 때문에 굴식 돌방무덤 상당수가 도굴이 되어서 유물이 많이 남아 있지 않습니다. 물론 무덤을 만들 당시부터 껴묻거리의 양이나 종류를 돌무지덧널무덤보다 훨씬 적게 넣었는데요. 그래서 껴묻거리를 상대적으로 적게 묻는다는 의미로 박장薄葬이라고도 했습니다. 그리고 돌무지덧널무덤의 경우 나무로 만든

굴식 돌방무덤 구조도

덧널(석곽)이 무너지면서 무덤의 맨 꼭대기가 함몰되는데 반해 굴식 돌방무덤은 돌방이 무너지는 경우가 거의 없어서 원형 유지가 잘 되었죠. 연구자들은 서악동 고분군의 네 무덤이 아직 도굴도 발굴도 되지 않은 상태이지만, 무덤 정상에 함몰된 흔적이 없는 점, 무덤 아래쪽의 둘레에서 호석이 발견되는 점 등을 들어 돌무지덧널무덤이 아니라 굴식 돌방무덤이라고 결론 내렸습니다.

시리　돌무지덧널무덤에서 굴식 돌방무덤으로의 변화가 임금님의 유언에 따른 것이고, 신라에서 그것은 큰 개혁이었다는 거네요?

법흥왕　맞아요. 신라, 그중에서도 수도인 경주 시내에서는 엄청난 개혁이었죠. 원래는 다양한 형식의 무덤이 있었지만 300년대 중반부턴가 돌무지덧널무덤이 만들어지기 시작하면서 모든 왕실과 귀족의 무덤이 무조건 따라야 하는 원칙으로 여겨졌거든요. 그러니 굴식 돌방무덤으로 저의 무덤을 만들라고 한 것은 그 자체가 엄청난 개혁이었습니다.

시리 임금님, 혹시 무덤 형식의 변화도 당시 국제 표준을 따라간 것인가요?

법흥왕 예. 한반도와 만주의 범위를 대상으로 국제 표준을 따라가도록 한 개혁이었습니다. 고구려에서는 국내성 단계까지는 돌만 다듬어 차곡차곡 쌓은 돌무지무덤(적석총)을 만들었는데, 427년의 평양 천도 이후에는 굴식 돌방무덤으로 바뀌었습니다. 백제에서도 한성(서울) 단계에서 처음에는 고구려처럼 돌무지무덤을 만들다가 나중에는 굴식 돌방무덤으로 바꿨습니다. 475년 공주로 천도한 후에는 무령왕릉처럼 무덤을 돌이 아니라 벽돌로 만들기도 했지만, 538년 사비 천도 이후에는 굴식 돌방무덤으로 다시 바뀌었습니다. 굴식 돌방무덤이 좋으냐 나쁘냐를 떠나서 돌무지덧널무덤을 개혁하기 위해 당시 고구려와 백제에서 유행하고 있던 무덤의 형식을 적극 수용한 것이라고 보면 돼요.

궁금 그러면 고구려와 백제의 무덤 형식이 더 뛰어났던 건가요?

법흥왕 그렇다고 단정 지을 수는 없지요. 개혁이란 너무 오랫동안 바뀌지 않던 우리 신라의 정치와 사회를 바꾸기 위해 우리 신라에는 없던 것을 도입해서 바꾼 것으로 보면 돼요. 그리고 우리 신라 사람들에게 '굴식 돌방무덤은 이미 고구려와 백제에서 다 시행하고 있는 것이니 이제는 우리도 시행할 필요가 있다!' 이런 논리를 만들어 개혁의 정당성을 설득하려고 했던 거죠.

궁금 임금님께서 왜 굴식 돌방무덤을 택하셨는지는 이해가 되었습니다. 이제부터는 무덤의 크기에 대해 말씀해 주실 차례인 것 같습니다.

법흥왕 그러죠. 우선, 저는 "거대한 봉분을 만들지 말라"고만 유언했지, 무덤의 절대적인 크기까지 정해 주지는 않았습니다. 그래서 제가 죽은 후 무덤의 높이와 지름에 대한 논의가 분분했는데요. 하늘나라에서 보니까 만들지 말라는 '거대한 봉분'의 기준을 경주 시내에서 가장 큰 황남대총, 봉황대총, 서봉황대총 등으로 잡더라고요. 서악동 고분군 네 개의 무덤 중에서 제 무덤, 즉 법흥왕릉의 높이와 지름이 가장 큰데요. 높이는 약 15미터 내외, 지름은 약 60미터 내외입니다. 궁금 씨가 직접 가서 보니까 저 사진에서 보이는 서악동 고분군의 네 개 무덤들이 진짜 거대해서 깜짝 놀랐다고 했잖아요. 하지만 만약 황남대총이나 봉황대총 옆에 만들었다면 그렇게까지 거대하게 느껴지지는 않았을 겁니다.

궁금   무슨 말씀인지 알겠습니다만 아무리 그래도 가까이 가서 봤을 때 무덤이 정말 크고 거대하게 느껴지는 건 사실 아닌가요?

법흥왕   예, 맞아요. 직접 가서 바로 앞이나 옆에서 보면 거대하게 느껴지는 건 부정할 수 없는 사실입니다. 그런데, 하늘에서 촬영한 다음 쪽의 지도를 한번 보실래요?

제 무덤인 법흥왕릉을 표시해 놓았는데요. 전체적인 지형의 관점에서 살펴보면 어디서 본 것 같지 않나요? 안시리 아나운서, 어때요?

시리   음…… 선도산(380.6미터)에서 시작된 산줄기 하나가 동쪽으로 뻗어 나가고, 또 하나의 산줄기가 남쪽으

법흥왕릉 지도

로 뻗다가 동쪽으로 꺾여서 갯보산(216.6미터)과 장산(114.4미터)으로 솟아나네요. 그리고 선도산과 갯보산 사이에 솟아난 산봉우리에서 동쪽으로 갈라져 나온 산줄기의 능선 끝에 법흥왕릉이 있네요. 만약 법흥왕릉의 앞쪽(동)에 하나의 산이 높게 솟아나 있다면 서울처럼 주산-좌청룡-우백호-안산이라는 풍수의 명당 구조가 되었을 것 같은데요? 와~ 말하고 나니까 소름이 돋네요.

법흥왕 알고 보니 새롭게 보이죠? 앞쪽(동)에 안산이 높게 솟아나지 않은 점만 빼면 서울에서 볼 수 있는 풍수의 명당 구조와 거의 일치한답니다. 이게 우연은 아니겠지요? 그러면 서악동 고분군과 주변 지형의 관계가 더 실감 나는 다음 쪽의 사진을 한번 볼까요?

선도산(380.6미터) 정상의 바로 아래에 있는 마애석불상에서 촬영한 건데요. 붉은색 화살표가 가리키는 게 제 무덤인 법흥왕릉입니다. 지금은 무덤 좌우로 마을과 농토가 들어서 있지만 우리 신라 때는 저 지역 전체가 왕릉 구역이어서 누구도 살 수 없었고 어떤 농토도 만들 수 없었습니다. 안시리 아나운서, 저 사진을 보니

선도산 마애석불상에서 촬영한 법흥왕릉

까 어떤 생각이 드나요?

시리 지형적으로 앞쪽의 안산을 제외하면 주산-좌청룡-우
     백호란 풍수의 명당 구조가 더 분명하게 보이는데요?

법흥왕 그렇죠? 제 무덤, 즉 법흥왕릉 자체는 크고 거대한 것
     이 사실이지만 저런 지형적 구조 속에서는 서쪽, 북쪽,
     남쪽이 산과 산줄기로 둘러싸여 있기 때문에 왕릉 구

장산

갯보산

선도산

형산강

산과 비교해 촬영한
서악동 고분군 무덤

월성 서쪽 형산강 강가에서 무덤들을 보면, 네 개의 무덤이 하나로 겹치는 지점(빨간색 화살표)이 있다. 이 무덤들의 양 옆으로 산들이 아늑하게 감싸고 있다.

역 밖에서는 바라볼 수조차 없습니다. 정면에 해당되는 동쪽 멀리에서는 법흥왕릉을 바라볼 수 있는데요. 어떤 느낌이 들까요? 이번엔 궁금 씨가 한번 말씀해 주시겠어요?

궁금 너무 쉬운 질문 같은데요. 서울에서 이미 확인한 것처럼 뒤쪽의 산과 비교돼서 그렇게 크고 높게 보이지는 않았을 것 같습니다.

법흥왕 하하하! 질문이 너무 쉽죠? 앞의 쪽에서 산과 비교하며 촬영한 서악동 고분군의 무덤 사진들을 같이 감상하면서 이야기 나눠 볼게요.

궁금 뒤쪽의 산과 비교되니까 직접 가서 바로 앞이나 옆에서 봤던 것보다는 확실히 거대하게 보이지는 않는 것 같습니다.

법흥왕 그럴 겁니다. 눈으로 보는 세상은 주변과의 관계 속에서 상대적으로 인식되는 것이니까요. 여기에 하나 더 추가해 볼게요. 제 무덤인 법흥왕릉의 정면(동)으로 풍수의 명당 구조에서 필요한 안산은 없지만, 앞의 하늘에서 본 지도에서 파란색 사각형으로 표시한 지역에 큰 숲을 만들어 보호했는데요. 이런 경우를 '지형적으로 부족한 명당 구조를 인위적인 숲을 조성해 보완했다'는 의미에서 비보숲이라고 합니다. 지금 저 지역을 가 보면 법흥왕릉 동쪽의 무열왕릉 주변에 숲을 조성해 보호하고 있는데요. 그 숲 때문에 정면(동)의 경주 시내 쪽에서 바라보면 저의 무덤인 법흥왕릉은 거의 보이지 않습니다. 만약에 보였더라도 숲 위로 무덤의 위쪽만 살짝 나온 정도에 불과했을 텐데요. 저런 비보숲도 제가 만들라고 미리 유언으로 남겨 놓았습니다.

시리 정말 주도면밀한 임금님이시네요.

법흥왕 누누이 말했지만 주도면밀하지 않으면 개혁은 성공하기 어려웠으니까요.

시리 역시 존경스럽습니다. 그런데 여기서 갑자기 궁금한 것이 하나 있습니다. 임금님께서 남기신 유언은 무덤을 크게 만들어 봤자 어차피 크게 보이지 않는다는 것을 깨닫게 하는 건데요. 그렇다면 아예 무덤의 크기까지 지금의 법흥왕릉보다 훨씬 작게 유언으로 정해 주셨으면 되지 않나요?

법흥왕 그게 그리 간단한 문제가 아니더라고요. 아버지 지증마립간이 즉위하신 500년부터 제가 죽는 540년까지 수

많은 급진적 개혁 조치를 성공적으로 수행했다고 해서 제가 죽으면서 유언으로 남긴 무덤의 크기와 형식에 대한 개혁도 당연하게 성공할 것이라는 보장은 없는 것이잖아요. 저야 지금의 법흥왕릉보다 훨씬 작은 무덤의 크기까지 정해 주고 싶은 마음이 굴뚝같았지만 그렇게 하면 딸인 지소부인과 어린 진흥왕에게 너무 큰 부담을 주는 것이라고 생각했습니다. 경주 시내에 거대하게 조성된 돌무지덧널무덤들만 늘 보고 살아왔던 우리 신라 사람들에게 갑자기 말도 안 되게 작은 무덤을 만들라고 하면 혹시라도 저항이 심하게 일어날 수 있다고 생각했어요. 그랬을 때 과연 딸인 지소부인과 어린 진흥왕이 잘 헤쳐 나갈 수 있을까 걱정이 앞서더라고요. 그래서 되도록 작게 만들라고만 하고 무덤의 크기까지 정해 주지는 않았던 겁니다.

궁금 섬세하게 배려해 주신 모습이 정말 감동이네요.

법흥왕 음…… 배려가 맞기는 하죠. 하지만 배려보다는 주도면밀했다고 평가해 주시면 더 좋을 것 같아요. 딸인 지소부인과 어린 진흥왕이 혹시라도 있을 반대를 물리치며 개혁을 성공하게 만들고 싶었기 때문에 배려한 것이니까요. 만약에 제가 의도했던 것보다 무덤을 크게 만들었다고 하더라도 저런 지형적 구조 속에서는 어차피 크게 보이지는 않을 것이고, 그것은 장기적으로 무덤의 크기가 계속 작아지는 경향을 만들어 낼 것이라고 판단했습니다. 다행히도 그 판단은 성공했죠.

신라 왕경 도시 계획의 기반을 마련하다

시리　임금님, 어떻게 성공했는지 좀 더 구체적으로 설명해 주시면 좋겠습니다.

법흥왕　좋아요. 우선『신라왕릉연구』에서 저의 왕비인 박씨 보도부인의 무덤, 제24대 임금인 진흥왕(재위 540~576년)의 무덤, 제25대 임금인 진지왕(재위 576~579년)의 무덤이 모두 저의 무덤 뒤쪽의 서악동 고분군에서 있다고 보고 있잖아요. 저 다음의 임금 무덤들이 경주 시내의 공동묘지에 거대한 돌무지덧널무덤으로 돌아가지 않았다는 증거로 보면 됩니다. 500년대 후반부터 경주에서 신라 왕실이나 귀족의 무덤 조영에 대해 역사학이나 고고학 연구자들이 전반적으로 동의하는 것들이 있습니다. 첫째, 경주 시내의 거대한 고분군 안에는 초기의 일부를 제외하면 더 이상 무덤이 만들어지지 않았습니다. 둘째, 일부를 제외하면 경주 시내 서쪽의 선도산과 장산과 옥녀봉, 동쪽의 낭산과 명활산과 토함산, 북쪽의 소금강산, 남쪽의 남산 등 도시 외곽의 산속이나 산 아래에 만들어졌습니다. 셋째, 초기의 일부를 제외하면 돌무지덧널무덤은 더 이상 만들어지지 않고 굴식 돌방무덤으로 바뀌었습니다. 넷째, 진지왕의 무덤 이후에는 높이 10미터를 넘어가는 초대형의 무덤은 더 이상 만들어지지 않았습니다. 이 정도면 무덤의 규모와 형식에 대한 저의 개혁이 완벽하게 성공했다고 볼 수 있지 않을까요?

시리 예. 제가 봐도 그 정도면 완벽하게 성공한 것 같습니다. 그런데 임금님, 이후의 신라 왕릉들이 임금님의 무덤처럼 풍수의 명당 구조였나요?

법흥왕 음…… 경주시 배반동 낭산 정상의 선덕여왕릉이나, 완전 평지의 보문동에 있는 (전)진평왕릉과 배반동의 (전)신문왕릉처럼 풍수와 연결시키기 어려운 경우도 있는데, 아주 소수였습니다. 다음 지도에서 세 왕릉의 위치와 모습을 차례대로 살펴볼까요?

시리 임금님, 그렇다면 다수는 풍수의 명당 구조를 어느 정
도 설명할 수 있는 산속이나 산 아래에 만들어졌다는
말씀이네요?

법흥왕 맞아요. 현재 왕릉으로 거의 확인된 것 중에 경주시 현
곡면 오류리의 (전)진덕여왕릉, 조양동의 성덕왕릉과
(전)효소왕릉, 그리고 원성왕릉으로 추정되고 있는 외
동읍 괘릉리의 괘릉, 안강읍 육통리의 흥덕왕릉은 산속

위에서부터 (전)진평왕릉, 선덕여왕릉, (전)신문왕릉

에 만들어져 확실하게 풍수와 연결시킬 수 있습니다. 이 다섯 무덤의 모습과 위치도 한번 살펴볼까요?

궁금 다섯 왕릉 모두 산속에 폭 들어가 있는 느낌이 확실하게 드는데요?

법흥왕 그렇죠? 왕릉은 아니지만 신라에서 가장 유명한 인물인 김유신의 무덤으로 전해지는 (전)김유신묘도 한번 살펴봅시다.

비록 (전)김유신묘처럼 잘 정비되어 있지는 않지만, 경주 시내 주변의 산속에는 왕실과 귀족의 무덤이 분명한 굴식 돌방무덤들이 곳곳에 즐비합니다. 결국 무덤의 조영에서 후대로 갈수록 풍수의 영향력이 일반화되었다고 표현하면 될 것 같아요.

시리 무슨 말씀인지 알겠습니다. 이제 임금님 자신의 무덤 조영을 통해 이루려고 했던 마지막 개혁의 조치, 즉 풍수의 탄생이 어떤 과정을 거쳐 어떻게 성공해서 정착해 나갔는지에 대해서는 확실하게 알게 되었습니다. 오늘의 인터뷰 시간이 거의 다 되어 가고 있는데요. 여기서 마지막 질문 하나 드리고 싶습니다. 임금님께서 이루고자 했던 무덤의 개혁으로 경주 시내의 도시 내

부에 더 이상 무덤을 조영하지 않게 되었는데요. 이것
이 신라 왕경의 도시 계획에도 영향을 미쳤을 것 같습
니다. 혹시 어떤 영향을 미쳤는지 알 수 있을까요?

법흥왕 이걸 말하려면 먼저 제가 임금으로 재위하고 있던 시
절에 우리 신라 왕경의 도시 구조가 어떻게 되어 있었

는지 알고 있어야 합니다. 다만 지금까지 많은 발굴이 이뤄지기는 했지만 도시의 구조를 자세하게 살펴볼 수 있는 수준까지는 아니더라고요. 앞으로도 발굴이 활발하게 이뤄지겠지만 그렇다고 조선의 수도였던 서울의 도시 구조처럼 자세히 알기는 어려울 겁니다. 우리 신라가 멸망한 후 천여 년의 시간이 흘렀고, 고려와 조선이란 두 왕조에서 제대로 관리되지 않았기 때문이죠. 다만 큰 흐름만은 이야기할 수 있습니다. 자, 다음 쪽의 지도를 한번 보시죠.

도시의 주요 주거지는 왕궁인 월성을 중심으로 파란색 원과 사각형 지역에, 왕실과 귀족의 무덤은 그 바깥에 붉은색 실선의 평지에 조성되어 있었습니다. 심하게 말하면 도시에 삶과 죽음의 공간이 쌍을 이루고 있었던 것인데요. 제가 무덤을 도시 밖에 조성하는 개혁을 실행하면서 삶의 공간만으로 이뤄진 도시의 계획이 가능하게 된 겁니다. 다만 제가 살았을 때는 왕궁인 월성 북문에서 서쪽으로 형산강까지 직선의 도로를 낸 후 부근에 흥륜사와 영흥사를 만들었을 뿐입니다. 진흥왕 때부터는 훨씬 더 체계적인 도시 계획이 시도되었는데

대릉원 첨성대 동궁과월지 월성 낭산 국립경주박물관

요. 그 부분에 대해서는 진흥왕과 선덕여왕 등에게서 직접 들으시면 좋을 것 같습니다. 도시 계획에 대한 저의 인터뷰는 이 정도에서 마치도록 하겠습니다.

시리 예, 알겠습니다. 다음 주에는 방금 법흥왕 임금님께서 말씀하신 것처럼 진흥왕 임금님과 선덕여왕 임금님께서 출연하셔서 신라 왕경의 도시 계획에 대해 집중적으로 인터뷰해 주실 예정입니다. 법흥왕 임금님, 두 주 동안 강국 신라를 만들기 위해 체계적으로 추진되었던 다양한 급진적 개혁 조치, 그리고 그 마지막 산물인 풍수의 탄생 이야기까지 정말 잘 들었습니다. 우리의 역사 지식이 더욱 풍부해졌음을 느낄 수 있는 시간이었는데요. 두 주 동안 우리 '역사 인물 환생 인터뷰'에 출연하신 소감을 간단히 말씀해 주시면 감사하겠습니다.

법흥왕 출연 소감이요? 길게 말할 필요도 없습니다. 우리 신라의 개혁 이야기 실컷 들려드릴 수 있어서 정말 좋았습니다. 저의 인터뷰가 이승의 여러분들께서 우리 신라를 더욱 깊게 이해하는 데 조금이나마 도움이 됐으면 좋겠습니다. '역사 인물 환생 인터뷰'에 출연할 수 있게 해 주신 제작팀 관계자, 저의 이야기를 진지하게 들어 주신 안시리 아나운서와 궁금 씨, 열 분의 청중 그리고 마지막으로 늦은 밤까지 시청해 주신 시청자 여러분께 진심으로 감사드립니다. '역사 인물 환생 인터뷰'에 출연하신 모든 분이 그랬듯이 저도 남은 두 주 동안 이승 구경 잘 마무리하고 하늘나라로 무사히 귀환하도록 하겠습니다. 다시 한번 감사드립니다.

시리 법흥왕 임금님께서 제가 드려야 할 감사의 인사말씀을 다 해 주신 것 같습니다. 흥미진진한 이야기를 열정적으로 들려주신 법흥왕 임금님께 큰 박수 부탁드립니다. 다음 주에 '신라 왕경의 도시 계획'이란 주제로 시청자 여러분들을 만나 뵐 것을 약속드리며 이만 물러가도록 하겠습니다. 감사합니다.

신라 왕경의 풍경과 도시 계획, 새로운 역사 상식을 세우다

시리 안녕하세요. 역사 방송 아나운서 안시리, 인사드립니다. 지난주 법흥왕 임금님께서 신라 왕경의 도시 계획에 대해서는 제24대 진흥왕, 제27대 선덕여왕 두 임금님을 모시고 직접 들으라고 조언해 주셨는데요. 우리 제작팀에서 신라 왕경의 도시 계획을 말씀해 주실 분을 찾기 위해 여러 자료를 검토한 결과 진흥왕 임금님만 모시고 듣는 것이 좋겠다는 결론을 내리게 되었습니다. 진흥왕 임금님, 어서 오십시오. 모두 큰 박수로 맞이해 주시기 바랍니다.

진흥왕 안녕하세요. 신라의 제24대 임금 진흥왕 인사드립니다. 시청자 여러분, 만나 뵙게 되어서 반갑습니다. 오늘 저에게 주어진 주제인 신라 왕경의 도시 계획에 대해 성실하게 답해 드릴 것을 약속드립니다. 1,400여 년 만에 이승에 오니까 좋긴 좋습니다. 하하하!

높고 웅장하고 화려한 월성의 건축물,
상상해 본 적 있는가?

시리 오늘도 첫 질문의 포문은 역사도우미 궁금 씨가 해 주실 텐데요. 음…… 좀 어렵지 않았을까 합니다. 궁금 씨 첫 질문은 어떤 것인가요?

궁금 안녕하세요. 역사도우미이자 우리 프로그램의 양념인 궁금 인사드립니다. 솔직하게 말씀드려서 무엇부터 질문해야 할지 좀 난감했는데요. 지난 주 법흥왕 임금님께서 말씀하신 풍수의 탄생과 관련지어 질문을 하면 어떨까 하는 생각이 들었습니다. 진흥왕 임금님께서는 법흥왕 임금님의 유언을 잘 실천하셨다고 들었는데요. 그렇다면 혹시 무덤 이외의 건축물에도 풍수를 적용하신 사례가 있는지 궁금합니다.

진흥왕 우리 신라의 제24대 임금으로서 할아버지이자 큰아버지, 아~ 호칭이 너무 어렵네요. 이제부터는 할아버지로 통일해서 부르겠습니다. 할아버지인 법흥왕 임금님의 유언을 잘 실천한 것은 맞습니다만 이미 알고 계신 것처럼 그때 저는 겨우 일곱 살이었습니다. 그러니 제가 할아버지의 유언을 잘 실천했다기보다는 섭정을 맡으신 어머니께서 잘 실천하셨다고 말하는 것이 옳습니다. 다만 제가 장성해서 실질적인 임금 노릇을 하게 되었을 때 깊게 생각해 봤는데요. 무덤의 개혁을 포함해서 할아버지의 개혁 정책 모두가 강국 신라를 위해 꼭 필요한 것들이었다는 결론을 내렸습니다. 그래서 어느 하나도 후퇴시키지 않고 계승 발전시켰는데요. 저는 증조할아버지 지증 마립간과 할아버지 법흥왕께서 개혁을 통해 다져 놓은 정치·군사·사회·문화의 힘을 바탕으로 고구려와 백제에 맞서 적극적인 공세 정책을 펼쳤고, 우리 신라의 영토를 낙동강과 한강 유역 전체, 함경도 남쪽 일부에까지 확장시켰습니다. 이렇게 할아버지의 개혁 정책을 계승 발전시켰다는 것에 입각해 보면 무덤의 개혁에 사용된 풍수도 계승 발전시켜서 다른 부분에까지 적용했을 것이라고 자연스럽게 추정할 수 있겠죠? 하지만 그렇게 하지는 않았습니다. 무덤의 개혁 성과가 우리 신라 사회에 확실하게 뿌리를 내려 다시는 과거로 돌아가지 않도록 하는 데에만 온 힘을 기울였습니다.

시리 임금님, 혹시 무덤 이외의 건축물에도 풍수를 확대 적용시킬 수는 있었지만, 혹시 무덤의 개혁 성과를 뿌리내리게 하는 데만도 벅찬 상황이라서 못하신 건가요?

진흥왕 그래서 그랬던 건 아니에요. 음…… 궁궐을 하나의 예로 들어 볼까요?

시리 궁궐이요? 좋은 사례가 될 것 같은데요?

진흥왕 그럼 해 보죠. 제가 임금이었을 때 우리 신라의 정궁은
어디였을까요?

궁금 임금님, 당연히 월성 아닌가요?

진흥왕 맞아요. 대한민국 사람들이 궁궐 하면 떠오르는 곳은
조선의 수도였던 서울의 경복궁, 창덕궁, 창경궁, 덕수
궁, 경희궁이잖아요. 서울에 궁궐이 많았듯이 우리 신
라의 수도 경주에도 궁궐이 많았습니다. 그런데 지금까
지 유적으로 남아서 여러분들이 직접 가서 볼 수 있는
우리 신라의 궁궐은 월성이 유일하죠. 그마저도 현재
는 터만 남아 있습니다. 이런 한계 속에서 제한적으로
나마 비교해 보면요. 서울의 궁궐들과 월성은 성곽, 물
웅덩이인 해자라는 측면에서 너무나 많은 차이가 있습
니다. 서울의 궁궐들은 지난 서울 편에서 정도전 선생
이 이미 말한 것처럼 성곽이 아니라 담장으로 둘러쳐
져 있고, 해자도 없잖아요. 반면 평지에 약간 솟아오른
언덕에 만든 월성은 흙과 돌을 섞어 다져서 만든 토석
성이라서 오랜 세월의 힘을 이기지 못해 많이 낮아지

첨성대

동궁과월지

해 자

내물왕릉

월 성

남 천

월정교

국립경주박물

하늘에서 본 경주 월성(아래 사진_『경주 월성 시발굴 조사 보고서』 2권, 국립경주문화재연구소, 2021년)

고 둥글게 변했지만, 원래의 성곽 높이는 10미터 이상이었어요. 지금 국립경주박물관 쪽의 성곽 높이가 옛날 성곽 높이에 가장 가깝게 남아 있으니 가서 보시면 확인하실 수 있습니다. 그리고 성 밖의 남쪽에는 남천이라는 자연 해자가, 북쪽에는 인공적으로 만든 넓은 해자가 있었습니다. 성곽과 해자라는 관점에서 볼 때 서울의 궁궐들과 월성 중에서 어느 것이 더 특이한 것 같나요? 궁금 씨, 한번 대답해 보실래요?

궁금 서울 편 1을 할 때 정도전 선생님께서 세계적 차원에서 볼 때 경복궁이 특이한 것이라고 말씀하셨어요. 그래서 저도 서울이 더 특이하다고 생각하는데요. 혹시 임금님께서도 그렇게 생각하시나요?

진흥왕 하늘나라에 와서 한참 있다가 조선의 궁궐들을 차례로 보게 되었는데, 그때마다 너무 놀랐습니다. 아니, 궁궐을 저렇게 만들어도 되나? 저로서는 도저히 이해가 되지 않았어요. 우리의 월성은 성벽이 높고 넓은 해자도 있어서 방어력이 빵빵하잖아요. 그런데 서울의 궁궐들은 담장으로 둘러쳐져 있고 해자도 없으니 방어력은 빵점일 수밖에 없죠. 혹시나 내가 다른 문명권의 사례를 보지 못해서 그런가 하는 생각에 열심히 공부하며 찾아봤는데요. 월성 같은 사례는 세계 도처에 널리고 널렸는데 서울의 궁궐들과 같은 사례는 눈 씻고 찾아봐도 없더라고요. 서울의 궁궐들은 역사의 미스터리였어요. 물론 나중에는 왜 그렇게 만들었는지 알게 되었지만요.

궁금 임금님, 그러면 고구려와 백제의 궁궐들도 월성처럼 성벽이 높고 해자가 넓었나요?

진흥왕 당연하죠. 월성처럼 평지에 약간 솟아오른 언덕에 만든 성이라면 성벽 높이가 10미터는 넘고 넓은 해자가 있어야 방어군보다 훨씬 강한 적이 성 밖에서 공격할 때 방어해 낼 수 있으니까요. 고구려와 백제의 궁궐 중에서 평지에 만든 것으로는 고구려 집안의 국내성과 평양의 안학궁, 백제 한성의 풍납토성과 몽촌토성이 있는데요. 풍납토성과 몽촌토성은 지금이라도 여러분들이 직접 가서 확인해 볼 수 있잖아요? 둘 다 토성이라 많이 낮아졌지만 일부는 옛날의 높은 성벽 모습을 확인할 수 있답니다. 몽촌토성의 경우에는 복원해 놓은 넓은 해자도 볼 수 있습니다. 발굴 과정에서 확인된

위에서부터 월성에서 첨성대 쪽으로 난 해자, 월성 성벽 터에서 본 남천, 국립경주박물관과 접한 도로, 그리고 가장 높은 성벽 터에서 아래로 내려다본 모습.

성벽의 구조와 높이, 해자의 유무, 그리고 그런 내용을 바탕으로 만든 모형을 자세히 보고 싶으면 몽촌토성 옆에 있는 백제한성박물관을 방문하시면 됩니다. 여기서 노파심에 하나 말씀드리면 백제 한성의 풍납토성과 몽촌토성도 월성처럼 전체가 궁궐이었다는 것을 잊지 마세요. 모형에서 일부 잘못 만들어 놓은 내용이 있더라고요.

시리 세계 문명사적 관점에서 성벽과 해자를 살펴보면 조선의 수도였던 서울의 궁궐들이 특이하고 드문 사례이지, 월성에 있었던 신라의 궁궐, 고구려의 궁궐이었던 국내성과 안학궁, 백제의 궁궐이었던 풍납토성과 몽촌토성은 어디에서나 볼 수 있는 일반적인 사례라는 의미이군요.

진흥왕 서울의 궁궐들이 담장으로 둘러싸이고 해자를 만들지 않아 방어력이 빵점이 된 이유에 대해 서울 편 1에서 정도전 선생이 체계적으로 잘 정리해 주셨잖아요. 풍수의 논리에 따라 산 밑에 궁궐을 만들면 궁궐 주변의 더 높은 곳에서 공격할 수 있기 때문에 어차피 방어력에 문제가 생기고, 그래서 아예 방어력을 포기하고 성벽이 아니라 담장으로 둘러싸고 해자도 만들지 않은 것이라고요.

시리 예, 기억이 납니다. 그렇다면 성벽과 해자 말고도 다른 점이 있을 수 있겠네요?

진흥왕 당연히 있죠. 궁궐 건축물의 규모와 화려함도 당연히 달랐는데요. 서울의 궁궐들과 달리 월성에는 건축물이 남아 있지 않아서 추론적으로 이야기해 드릴 수밖에 없습니다.

시리 말씀 속에서 누구에게나 설득력 있는 추론을 하실 수 있다는 자신감이 느껴지는데요.

진흥왕 그렇게 들렸나요? 당연히 자신 있습니다. 서울 궁궐들의 건축물이 세계적 차원에서 볼 때 상대적으로 작고 화려하지 않다는 점에 대해서는 서울 편 1에서 정도전 선생에게 자세히 들으셨을 겁니다. 더불어 그렇게 된 이유가 조선 사람들이 크고 웅장하며 화려한 것을 통한 권위 표현을 포기했기 때문이 아니라, 하늘-산-궁궐의 3단계 상징 풍경에서 시각적으로 크고 웅장하며 화려한 이미지는 산이 맡고 궁궐은 그러한 산과 일체화된 이미지로 들어가면 되기 때문에 굳이 크고 웅장하며 화려하게 만들지 않았다는 설명도 들으셨을 테고요. 그렇다면 하늘-산-궁궐의 3단계 풍경이 아니라 하늘-궁궐의 2단계 풍경을 추구한 궁궐에서의 건축물은 어떻게 만들었을까요? 궁금 씨가 한번 대답해 주시겠어요?

궁금 음…… 그 질문에 대한 답도 서울 편 1에서 정도전 선생님께 이미 들었는데요.

진흥왕 정도전 선생께서 뭐라고 답했는지 다시 한번 이야기해 주실 수 있나요?

궁금 우리나라를 제외한 다른 문명권이나 나라의 궁궐에서는 하늘-궁궐의 2단계 풍경이 일반적이었는데, 그런 풍경에서는 궁궐의 건물 자체를 하늘에 닿을 정도로 크고 웅장하며 화려하게 만들어서 권위를 표현했다고 말씀해 주셨습니다.

진흥왕 그러면 우리 신라의 궁궐이었던 월성에서는 하늘-산-궁궐의 3단계 풍경과 하늘-궁궐의 2단계 풍경 중 어느 것을 만들어 냈을까요? 이번에는 안시리 아나운서가 대답해 주시면 감사하겠습니다.

시리 제가 경주를 여러 번 가 봤는데요. 월성 남쪽에 남산

(495.1미터)이 있기는 하지만 월성 궁궐의 진입로가 남산을 배경으로 만들어진 것은 아닌 것 같습니다. 게다가 평지성이니까 하늘-산-궁궐의 3단계 풍경이 아니라 하늘-궁궐의 2단계 풍경으로 구성되어 있었을 것 같습니다. 아~ 그렇다면 임금님은 월성 궁궐의 건축물도 서울의 궁궐들과 달리 세계 다른 문명권이나 나라에서 일반적으로 나타나는 것처럼 크고 웅장하며 화려하게 만들어서 권위를 표현했다는 말씀을 하고 싶으신 거네요?

진흥왕 안시리 아나운서가 제대로 맞혔습니다. 상징 풍경을 알고 추론해 나가면 그런 결론에 쉽게 도달할 수 있겠죠? 우리 신라의 궁궐이었던 월성의 건축물들은 서울의 궁궐들과 전혀 다르게 크고 웅장하며 화려하게 만들어져 있었습니다. 비록 지금은 터만 남아 있지만 앞으로 경주를 방문했을 때 10미터 이상의 높은 성벽과 넓은 해자로 둘러쳐지고, 성벽 너머로 높고 웅장하며 화려한 궁궐 건축물로 가득했을 월성을 상상할 수 있다면 진짜 수준 높은 여행자라고 자부할 수 있을 겁니다.

황룡사, 세계의 중심에

높고 웅장하며 화려하게 만들다

시리 현재 월성 안의 궁궐터에 대한 발굴이 한창 진행 중인
것으로 알고 있는데요. 언젠가는 높고 웅장하며 화려
한 궁궐 건축물들이 복원되면 좋겠다는 희망을 가져
봅니다. 그러면 진흥왕 임금님께서 다음으로 이야기해
주실 것은 무엇인가요?

진흥왕 제작팀에서 저에게는 월성과 황룡사에 대해 이야기해
달라고 했는데요. 그 전에 할아버지 법흥왕 임금님 때
인 527년에 짓기 시작해 17년만인, 제가 임금으로 즉위
한 4년 후의 544년에 완성된 흥륜사에 대해 잠깐 이야
기해 보려고 합니다. 이미 법흥왕 임금님께서 잠깐 언
급하긴 하셨던데, 제가 약간 더 보탤게요. 신라 최초의
사찰인 흥륜사는 서천 가인 지금의 경주공업고등학교
자리에 만든 것으로 알려져 있는데요. 잠깐 지도를 보
시겠어요?

우리 신라의 궁궐이었던 월성, 왕실과 귀족의 무덤이
밀집된 고분군, 흥륜사의 위치를 표시한 지도인데요.

여기서 질문 하나 드리겠습니다. 법흥왕 임금님께서는
흥륜사를 왜 저 위치에 만들었을까요? 혹시 궁금 씨가
대답해 주실래요?

궁금   제 생각을 말씀드리기 전에 알고 싶은 것이 있습니다.
저 지도에서 보라색의 직선은 무엇을 가리키나요? 혹
시 직선의 대로大路 아닌가요?

진흥왕 그 길은 나중에 말하려고 했는데요. 어쨌든 궁금 씨가 정확하게 맞혔네요. 뭔가 감을 잡은 것 같은데, 힌트 하나 더 드릴게요. 『삼국사기』에는 저의 즉위 10년째인 549년 봄에 중국의 양나라가 사신과 우리 신라의 유학승 각덕覺德을 파견하면서 부처의 사리舍利도 보내 왔고, 임금인 제가 신하들에게 명해 그것을 흥륜사 앞길에서 받들어 맞이하게 했다고 나옵니다.

궁금 이제 알 것 같습니다. 당시 신라의 왕경에서 궁궐인 월성과 중국이나 고구려, 백제 등 서쪽 지역의 외국으로 통하는 직선의 대로가 동서로 만들어져 있었고, 서쪽 지역에서 서천을 건너 궁궐인 월성으로 진입하는 입구에 흥륜사를 만들어 궁궐인 월성을 방문하는 모든 사람들에게 신라가 이제 불교의 국가가 되었음을 확실하게 알리려는 의도에서 그곳에 만든 것 아닌가요?

진흥왕 하하하! 궁금 씨가 정확하게 맞혔어요. 어렵지 않죠? 흥륜사와 비슷한 시기에 만들었던, 우리 신라의 두 번째 사찰 영흥사永興寺도 흥륜사 근처에 만들었어요. 똑같은 이유에서였죠. 그럼 여기서 질문 하나 드릴게요. 흥륜사와 영흥사의 건축물은 세계의 다른 문명권이나 나라와 비교해 조선처럼 상대적으로 작고 화려하지 않게 만들었을까요? 아니면 세계 여기저기서 흔하게 볼 수 있는 것처럼 높고 웅장하며 화려하게 만들었을까요? 이번엔 안시리 아나운서가 말씀해 주시면 어떨까요.

시리 음…… 흥륜사와 영흥사는 법흥왕 임금님 때 만들기 시작한 것이고, 법흥왕 임금님께서는 기존의 돌무지덧널무덤을 개혁하기 위해 자신의 무덤을 산 아래에 상대적으로 높지 않고 거대하지 않으며 껴묻거리도 덜 묻는 굴식 돌방무덤을 만들라는 유언을 남겨서 신라 무덤의 개혁을 성공시킨 분이잖아요? 이런 점만 생각하면 흥륜사와 영흥사도 상대적으로 작고 화려하지 않게 만들었다고 대답해야 할 것 같긴 한데……. 자신이 없습니다.

진흥왕 안시리 아나운서가 너무 고민을 많이 하시는 것 같습니다. 어렵게 생각하지 말고 안시리 아나운서의 눈, 즉 시각적인 관점만 믿고 대답하면 됩니다.

시리 예, 알겠습니다. 종교의 중심인 사찰은 다 권위를 갖고 있어야 하잖아요. 그리고 흥륜사와 영흥사는 신라가 불교의 국가가 되었음을 상징하는 첫 번째와 두 번째 사찰이니까 더욱 권위를 갖지 않으면 안 되었다고 봅니다. 그런데 흥륜사와 영흥사가 만들어진 곳은 근처에 거대한 고분들이 밀집한 서천 가의 완전 평지입니다. 만약 이런 곳에 조선처럼 상대적으로 작고 화려하지 않은 흥륜사와 영흥사를 만들었다면 시각적으로 전혀 권위가 서지 않겠지요. 그래서 저는 세계의 다른 문명권이나 다른 나라 여기저기서 흔하게 볼 수 있는 것처럼 높고 웅장하며 화려하게 만들었을 것 같습니다.

진흥왕 하하하! 안시리 아나운서가 꽤나 고민하더니 대답은 시원하고 정확하게 말씀하시네요. 맞아요. 흥륜사와 영흥사는 세계의 여기저기서 흔하게 볼 수 있는 것처럼 높고 웅장하며 화려하게 만들었습니다. 다른 나라 사람들에게 물어봤다면 너무 당연하고 자연스러운 대답이었을 텐데, 세계적으로 희귀한, 상대적으로 작고 화려하지 않은 건축물을 지은 조선의 유산을 이어받은 대한민국 사람들에겐 너무 어려운 질문이었나 봅니다. 저 멀리에 산이 있는 평지에서 작고 화려하지 않은 건축물이 권위 있게 보일 리가 없죠. 높고 웅장하며 화려하게 보여야 권위가 서는 겁니다.

시리 임금님, 이젠 무슨 말씀인지 확실히 알겠습니다. 그래

도 법흥왕 임금님께서 무덤의 개혁을 추진해서 성공시
킨 분이라는 점을 고려하면······.

진흥왕 그래도 고민된다 이거죠? 하지만 서울처럼 산 아래에
만들지 않는 한 저 멀리에 산이 있는 평지나 낮은 산과
언덕 위에 궁궐이나 사찰을 짓는 경향을 탈피해서 상
대적으로 작고 화려하지 않은 건축물을 지어서 권위를
표현할 방법은 없습니다. 할아버지인 법흥왕 임금님께
서도 그걸 모를 리 없었고요. 비록 무덤의 관습을 개혁
하기 위해 산 밑에 당신의 무덤을 만들라는 유언을 남
겼지만 그것은 무덤에 한정시켰을 뿐입니다. 여러 번
말했지만 모든 건축물의 표준이 될 수밖에 없는 궁궐
은 산 밑에 만들기가 정말 어렵습니다. 다른 것을 다 떠
나서 방어가 너무 어렵잖아요. 산 밑에 궁궐을 만든 나
라는 전 세계에서 고려와 조선밖에 없다는 사실을 잊
지 마시기 바랍니다.

시리 예, 잘 알겠습니다. 그러면 이쯤에서 황룡사 이야기로
넘어가 보겠습니다.

진흥왕 예. 이제 황룡사 이야기를 시작해 보죠. 제가 열일곱 살
이 되던 550년부터 우리 신라는 고구려와 백제에 대한

공세를 본격적으로 시작하면서 영토를 획기적으로 넓혀 나갔습니다. 그리고 551년에 새로워진 강국 신라를 대내외에 확실하게 알리기 위해 연호를 '나라를 새로 연다'는 의미의 개국開國으로 바꿨고요. 왕경도 거기에 걸맞게 새로 계획해야겠다는 생각을 굳혔습니다. 그리고는 제가 스무 살이 되던 553년에 월성 동북쪽에 강국 신라를 상징하는 새로운 궁궐을 만들도록 명했습니다.

궁금 와~ 임금님의 기개가 담대하셨네요.

진흥왕 그렇게 봐 주시니 감사합니다. 그렇지만 저는 증조할아버지 지증 마립간과 할아버지 법흥왕께서 강국 신라를 만들기 위해 목숨과 임금의 자리를 걸고 추진하신 개혁을 계승 발전시킨 것뿐입니다. 그러니 기개가 담대하다는 표현은 저보다는 제 할아버지와 증조할아버지에게 해야 하지 않을까 싶네요.

궁금 제가 보기엔 지증 마립간과 법흥왕 임금님도 담대하셨고, 임금님께서도 두 임금님 못지않게 담대하셨습니다. 여기서 하나 여쭙고 싶은 게 있는데요. 왜 하필 강국 신라를 상징하는 새로운 궁궐터로 월성 동북쪽을 잡으신 건가요?

진흥왕 강국 신라를 상징하는 새로운 궁궐을 만들고자 했으니

그 터를 잡는 데 신중에 신중을 기했겠죠? 저는 앞으로

우리 신라의 왕경이 세계의 중심이 돼야 한다고 생각

했어요. 그러니 왕경은 세계의 중심에 어울리는 모습이

돼야 했습니다. 그래서 월성 동북쪽에 새로운 궁궐터를

잡은 건데요. 말로만 하면 이해하기가 쉽지 않을 겁니

다. 그래서 위의 지도를 준비했습니다. 왜 제가 월성 동

북쪽의 저곳에 새로운 궁궐을 만들고자 했는지 안시리 아나운서가 한번 생각해 보시겠어요?

시리 음…… 임금님께서 월성을 중심으로 동북쪽에 신궁 터를 그려 놓았고, 더불어 북쪽의 소금강산, 동쪽의 명활산, 서쪽의 선도산도 일부러 표시해 놓은 이유가 있을 것 같은데요. 혹시 맞나요?

진흥왕 역시 재치가 있으시네요.

시리 그렇다면 동서의 선도산과 명활산을 직선으로 잇고 소금강산에서 정남으로 직선을 그었을 때 교차점을 신궁 터로 잡은 것 아닌가요?

진흥왕 안시리 아나운서가 내 마음을 꿰뚫어 보는 것 같습니다. 맞아요. 지금 두 직선의 교차점에는 황룡사의 대웅전이, 그중에서도 본존불인 장륙존상의 석조대좌石造臺座 유적이 있어요. 그래서 석조대좌에서 정북쪽을 바라보면 소금강산의 정상이, 정서쪽을 바라보면 선도산의 정상이, 정동쪽을 바라보면 명활산의 정상이 보입니다. 정남쪽을 바라볼 때 남산의 정상이 바라보이면 더 좋았을 텐데, 아쉽게도 그렇지는 않습니다. 자연 지형까지 제 맘대로 바꿀 수는 없잖아요. 이러한 황룡사 터

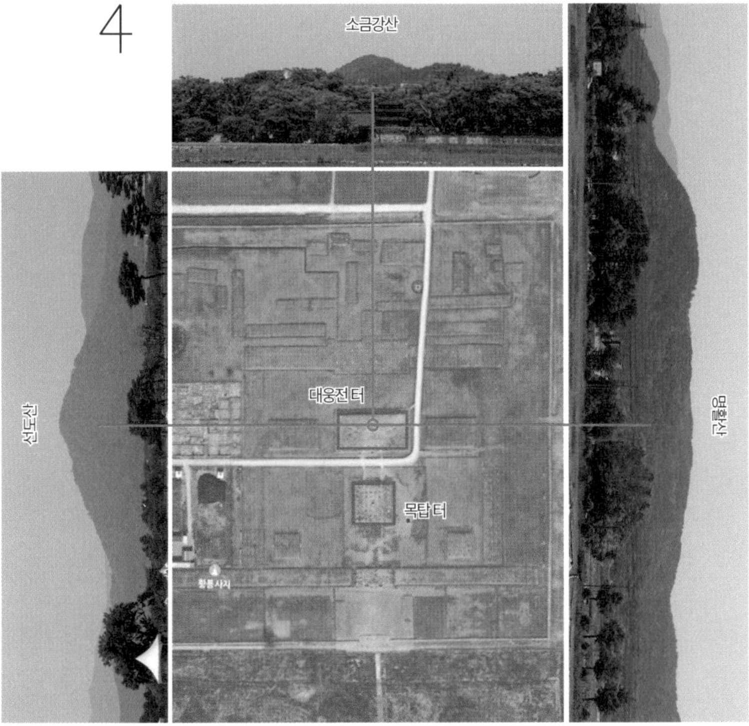

황룡사 대웅전 터에 본존불인 장륙존상의 석조대좌 터(아래), 하늘에서 본 **황룡사** 터(중앙), 석조대좌 중앙에서 정북쪽에 소금강산의 정상이 보이고, 정서쪽에 선도산의 정상, 정동쪽에 명활산의 정상이 보인다.

에는 원래 강국 신라를 상징하는 세계의 중심인 새로운 궁궐을 만들려고 했지요. 그러니 황룡사의 대웅전에는 궁궐의 핵심 건물인 정전正殿을, 장륙존상의 석조 대좌에는 임금인 제가 앉는 어좌御座를 만들려고 했습니다. 어떤가요?

시리 임금님의 설명을 듣고 새로운 궁궐터를 바라보니까 아까 궁금 씨가 말했던 담대했던 임금님의 기개가 정말 실감나게 다가옵니다.

진흥왕 하하하! 그렇게 봐 주시니 감사합니다. 어쨌든 저곳에 신궁 터를 잡은 근본적인 이유는 이미 말씀드린 그대로인데요. 한편으로는 우리 신라의 국력이 강해지고 영토가 넓어지면서 엄청나게 커질 왕경이 앞으로 어떻게 만들어져야 하는지에 대한 도시 계획의 방향성도 잡아 놓은 겁니다. 신궁 터는 앞으로 거대해질 우리 신라 왕경의 거의 중심에 있습니다.

시리 임금님, 이제 오늘의 주제인 왕경의 도시 계획 이야기가 본격적으로 시작되는 건가요?

진흥왕 본격적으로까지는 아니고, 큰 방향성에 대해서만 말씀드리려 합니다.

궁금 이왕 말씀해 주시는 것, 도시 계획의 자세한 이야기를 해 주시는 것도 좋을 것 같습니다.

진흥왕 아이코, 우리 신라의 왕경에 펼쳐졌던 도시 계획의 자세한 이야기를 해 드리고 싶은 마음이야 굴뚝같습니다만 남아 있는 유적이 많지 않아서 자세하게 해 드릴 수가 없어서 아쉽네요. 게다가 앞으로 연구자들이 밝혀야 할 부분에 대해서는 저희 출연자들이 이야기하지 말라는 조건이 있다는 것 다 아시잖아요. 지금까지 발굴이 많이 이뤄졌고, 앞으로도 계속 이뤄질 것이기 때문에 그때를 기다려 보는 게 좋을 것 같습니다. 그래서 오늘은 큰 경향성에 대해서만 말씀드리고자 합니다.

시리 무슨 말씀인지 알겠습니다. 그렇다면 그 이야기 전에 두 직선의 교차점에 있는 황룡사에 대해 잠깐 설명 부탁드립니다.

진흥왕 아, 그거요? 『삼국사기』에는 신궁을 지을 때 그곳에서 황룡이 나타나자 제가 그것을 괴이하게 여겨서 사찰로 바꿔 짓게 하고 황룡사皇龍寺라는 이름을 내려 줬다고 기록되어 있습니다. 원래 그곳은 큰 홍수가 나면 북천이 범람하는 습지였고, 그 습지를 메꿔 만들었기 때문에 물과 관련된 용의 이야기가 생긴 거라고 생각하더라고요. 그런데 앞부분은 맞는데, 뒷부분은 틀려요. 습지였기 때문에 황룡皇龍이란 이름을 붙인 것이 아니라 임금인 황제皇帝와 그것을 상징하는 용龍을 합해 붙인 것이랍니다. 황룡사는 세계의 중심에 있는 강국 신라 임금의 사찰이란 의미이고, 그러니 국가를 대표하는 사찰이란 상징성과 역할을 갖게 만든 거죠. 그리고 거기에 걸맞게 황룡사는 우리 신라에서 가장 높고 웅장하며 화려한 사찰로 만들었는데요. 아직도 조선처럼 상대적으로 작고 화려하지 않게 만든 황룡사를 상상하는 대한민국 사람은 없겠죠? 황룡사는 533년에 시작해 무려 13년만인 566년에 완공되었습니다.

신라 왕경의 도시 계획, 사고의 사대주의를 버려라

시리 예, 더 이상 그런 설명은 안 하셔도 될 것 같습니다. 그런데 여기서 너무 궁금한 것이 하나 있는데요. 왜 신궁을 만들려고 하시다가 황룡사로 바꾸신 건가요?

진흥왕 그건 신하들의 반대가 심해서였습니다.

시리 예? 신하들이 임금님의 그 담대한 계획을 반대했다는 것이 선뜻 이해가 가지 않는데요?

진흥왕 신하들 모두 제 뜻에는 찬성했어요. 하지만 고구려와 백제, 그리고 대가야에 대한 적극적인 공세를 펼치는 것에 더 집중해야 할 때에, 새로운 궁궐을 만드는 데 국력을 소비하는 것은 자칫 임금의 과욕으로 인식되어서 귀족과 백성들의 신망을 잃을 수도 있다고 주장하더라고요. 게다가 혹시라도 고구려와 백제, 대가야가 연합해 거세게 반격해 올 수도 있으니 그에 대한 준비에 만전을 기해야 한다고 하더라고요. 그럼에도 저는 강국 신라를 대내외에 보여 주는 신궁을 만드는 것도 중요하다며 계속 주장했지만 결국엔 신하들의 반대 여론을 이기지 못했습니다. 대신 이미 시작된 신궁 사업을 완전히 백지화하기보다는 좀 축소하더라도 우리 신라를 대표하는 사찰의 건설로 바꾸자는 협상안을 내놓았고, 신하들도 저의 양보를 고려해 받아들였습니다. 신궁이 아닌 사찰의 건설은 귀족과 백성들에게 임금의 과욕이 아니라, 부처님의 힘을 빌어 우리 신라의 힘을 하나로 결집시키는 구심점 역할을 할 수 있었으니까요.

궁금 그렇다면 황룡사의 건설은 임금과 신하들 사이에 이뤄
　　　진 정치적 타협의 산물이었네요?

진흥왕 그렇죠. 결과론적으로 강국 신라를 향해 임금과 신하,
　　　그리고 백성들의 힘을 하나로 모으는 정치적 타협의
　　　성공적인 사례였죠. 제가 더 우겼다면 큰일 날 뻔했습
　　　니다.

궁금 하하하! 임금님, 정말 잘 양보하셨습니다. 그런데 여기
　　　서 또 하나 궁금한 것이 있습니다. 임금님, 신궁의 건설
　　　은 결국 포기하셨나요?

진흥왕 음…… 그것은 하늘나라와의 약속 때문에 제가 말씀드
　　　리지 않는 것으로 하겠습니다. 다만 조선의 수도 서울
　　　에도 다섯 개의 궁궐이 있었듯이 우리 신라의 왕경에
　　　도 월성의 궁궐 하나만 있지는 않았겠죠?『삼국사기』
　　　에는 우리 신라의 궁궐로서 시조이신 혁거세 거서간께
　　　서 기원전 39년에 금성金城을 만들었고, 제5대 파사 이
　　　사금께서 기원후 101년에 둘레 1,023보의 월성을 금성
　　　동남쪽에 쌓았으며, 언제인지는 모르지만 월성 북쪽에
　　　둘레 1,838보의 만월성滿月城을 만들었다고 나옵니다. 그
　　　리고는 시조 이래로 임금이 금성에 거처하다가 후세에

는 두 월성에 많이 거처했다고 기록되어 있지요. 지금은 유적이 월성밖에 남아 있지 않지만 언젠가는 금성과 만월성의 유적도 발굴될 수 있으면 좋겠습니다. 그런데 월성보다 둘레가 무려 1.8배나 되었던 거대한 만월성이 월성 북쪽에 있었다고 했잖아요. 지금 동궁과월지가 월성 바로 동북쪽에 있는데요. 여기서 동궁東宮은 다음의 임금이 될 태자가 거주하는 곳을 말합니다. 이런 동궁은 궁궐과 따로 독립되어 있지 않고 궁궐 안에 만드는 것이 일반적인데요. 그런데 동궁과월지는 월성 안에 있지 않습니다. 그렇다면 동궁과월지가 어느 궁궐 안에 있었을까요? 만월성 안이지 않을까요? 잘 생각해 보기 바랍니다. 다만 아직 발굴로 확인되지는 않았으니 여러분들에게 가능성으로만 남겨 드리도록 하겠습니다. 여기서 또 하나 이야기하고 싶은 게 있는데요. 우리 신라의 왕경에 궁궐로 금성, 월성, 만월성 세 개만 있었다고 여기지도 않기를 바랍니다. 세 궁궐은 정궁 역할을 했던 경우를 의미하고, 이궁離宮은 더 많았을 겁니다.

시리 무슨 말씀인지 알겠습니다. 지금도 활발하게 이뤄지는 발굴을 통해 신라 왕경의 궁궐 유적들이 언젠가 짠~

하고 우리 눈앞에 나타나기를 기대해 보겠습니다.

진흥왕 너무 오랜 시간이 지나서 쉽지는 않겠지만 저도 그렇
게 되었으면 좋겠습니다.

시리 지금까지 사찰과 궁궐에 대해 잘 들었습니다. 그런데
주제의 핵심인 신라 왕경의 도시 계획에 대해서는 아
직도 말씀해 주지 않으셨는데요. 이제부터는 거기에
초점을 맞춰 이야기해 주시면 어떨까 합니다.

진흥왕 아, 그렇네요. 죄송합니다. 다만 우리 신라의 왕경에 있
었던 도시 계획을 이야기하려면 만월성의 위치도 대략
적으로나마 알고 있어야 해서 사전에 설명이 좀 길었
네요. 어쨌든 이제부터 우리 신라 왕경의 도시 계획에
대한 큰 방향성을 말하려고 하는데요. 대한민국의 연
구자들이 갖고 있는 사고의 사대주의를 비판하는 것으
로부터 시작해야겠습니다.

시리 사고의 사대주의요? 어떤 것에 대한 사대주의를 말씀
하시는 건가요?

진흥왕 일제 강점기부터 시작해서 지금의 대한민국 연구자들
사이에서도 팽배한 사고의 사대주의요. 즉, 우리 신라
왕경의 도시 계획이 당시 동아시아의 정치적·군사적·

문화적 패권 국가였던 중국 당나라 장안의 도시 계획을 모방해 만들어졌을 것이라고 전제하면서 이해하려는 사대주의를 말합니다.

궁금 임금님, 제가 조금 공부해 왔는데요. 당나라 장안의 도시 구조는 사각형의 나성羅城 정문으로부터 북쪽의 정궁까지 직선으로 연결한 주작대로朱雀大路를 중심으로 사각형의 도시 구획이 잘 만들어져 있었다고 합니다. 그리고 발해의 수도였던 상경용천부도, 일본 고대의 헤이죠쿄(平城京) 등의 여러 수도도, 당나라 장안의 도시 계획을 모방해서 만들어진 것으로 알고 있는데요. 신라의 왕경은 그렇지 않았던 건가요?

진흥왕 궁금 씨가 많이 공부해 왔네요. 제가 하늘나라에서 보니까 동아시아의 고대 수도에 관한 연구는 메이지 유신(明治維新) 이후 서구의 근대 문명을 적극적으로 받아들여 식민지 또는 반식민지로 전락하지 않고 자주적인 근대화를 성공시킨 일본의 학계에서부터 시작되었더라고요. 근대 일본의 도시 계획 연구자들은 동아시아에서 일본만 성공했다는 자주적인 근대화를 합리화시키기 위해 일본이 고대부터 외국의 선진 문물을 적극적으로 수용해서 일본을 개혁시킨 개방적인 역사를 갖고 있다는 것을 보여 주고자 했던 것 같습니다. 그리고 일본 고대의 헤이조쿄 등에 관한 연구와 발굴을 통해 거기에 딱 알맞은 사례를 하나 발견하게 된 겁니다. 여기까지는 일본의 고대도시에 관한 연구니까 저도 별문제가 없다고 보는데요. 하지만 일본의 연구자들은 조선을 식민지로 만든 후 우리 신라를 포함해서 대한민국의 고대국가인 고구려와 백제, 발해의 수도에 있었던 도시 계획도 당나라의 장안을 모방했을 것이라는 전제 아래 연구를 했습니다. 그리고 도시 계획의 모습이 가장 잘 발굴된 발해의 수도 상경용천부에서 당나라의 장안과 유사하게 나왔는데요. 우리 신라와 고구려, 백제의 수도도 이와 비슷했을 것으로 전제한 일본 연구자들의 연구 경향이 식민지였던 조선, 나아가 대한민국의 연구자들에게도 당연하고 자연스러운 것으로 이어지더군요. 그런데 과연 그랬을까요? 다음 그림들을 한번 보시죠.

궁금 씨, 세 그림을 어떻게 보셨나요?

궁금 임금님, 저 세 도시의 도시 구조에 대한 그림은 예습할

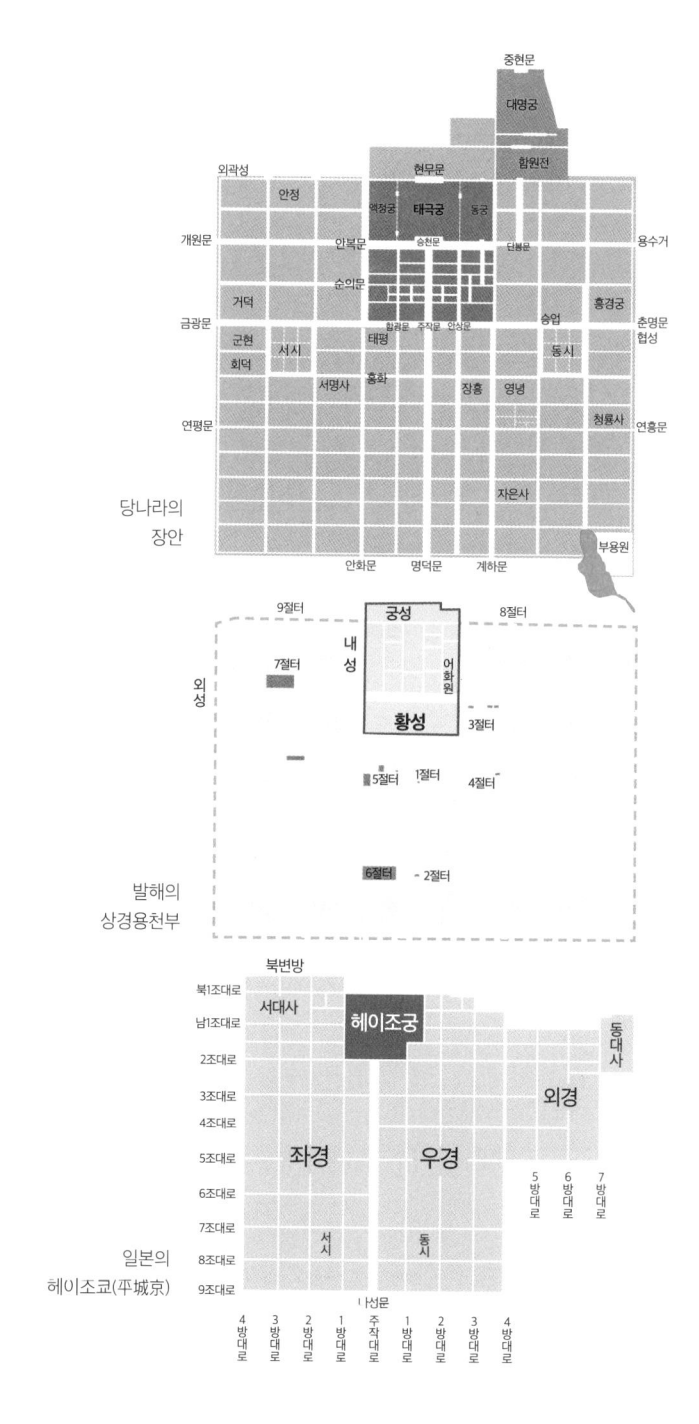

당나라의
장안

중현문

대명궁

외곽성

안정

현무문

합원전

개원문

액정궁 태극궁 동궁

용수거

안복문 승천문

거덕

순의문

단봉문

금광문

군현

서시

승업

흥경궁

합광문 주작문 안상문

태평

춘명문

회덕

동시

협성

서명사

훙화

징흥

영녕

연평문

청룡사

연흥문

자은사

부용원

안화문 명덕문 계하문

발해의
상경용천부

9절터

궁성

8절터

내성

외성

어화원

7절터

황성

3절터

5절터 1절터 4절터

6절터 2절터

일본의
헤이조쿄(平城京)

북변방

북1조대로

서대사

남1조대로

헤이조궁

동대사

2조대로

3조대로

외경

4조대로

5조대로

좌경

우경

5방대로
6방대로
7방대로

6조대로

7조대로

8조대로

서시

동시

9조대로

4방대로
3방대로
2방대로
1방대로
주작대로
1방대로
2방대로
3방대로
4방대로

나선문

때 이미 봤는데요. 똑같지는 않아도 큰 흐름에서는 비슷했습니다.

진흥왕 제 눈에도 그렇게 보이니, 발해의 상경용천부와 일본의 헤이조쿄가 당나라의 장안을 모델로 모방해서 만들었다는 사실을 부정하기는 어렵네요. 그런데 여기서 모방의 조건에 대해 생각해 볼 필요가 있어요. 궁금 씨가 예습해 왔으니까 당나라의 장안을 모방하려면 어떤 조건이 필요한지 최소한 두 가지만 말해 줄 수 있나요?

궁금 제가 예습했던 자료들에서는 모방했다는 것에만 초점을 맞춰서요. 음…… 완전 평지에 만들었다? 이건가요?

진흥왕 맞아요. 하나는 그거예요. 그럼 다른 하나는요? 당나라 장안을 모델로 모방했다는 것을 설명하기 위해서는 이게 더 중요한데 말입니다.

궁금 아…… 뭘까요? 제가 예습했던 연구들에서는 당나라의 장안을 모방하려면 어떤 조건이 있어야 한다는 내용을 본 적이 없어서요.

진흥왕 하하하! 알겠어요. 더 물어보면 궁금 씨가 너무 난처할 것 같으니 제가 알려 드릴게요. 또 다른 하나는 바로 짧은 시기에 완전히 새로 만들었다는 건데요. 두 조건을 합해서 생각하면 됩니다. 당나라의 장안은 완전한 평지를 선택해서 아무것도 없다는 전제 아래 새로 계획해 짧은 시간 안에 도시를 만들었습니다. 그러니 이를 모방하려면 새로운 도시를 완전한 평지에다 짧은 시간 안에 만들어야 하는 거죠. 발해의 상경용천부와 일본의 헤이조쿄가 실제 그렇게 했어요.

시리 임금님의 말씀을 들어 보면 만약 신라의 왕경도 평지에다가 짧은 시간 안에 새로운 도시를 만들었다면 당나라의 장안을 모델로 만들었을 수도 있다는 의미네요?

진흥왕 예, 맞아요.

시리 그러면 반대로 신라의 왕경이 완전한 평지에다가 짧은 시간 안에 새로운 도시를 만들지 않았다면, 당나라의 장안을 모방하지 않았을 가능성이 있다는 거고요.

진흥왕 논리적으로 그렇죠.

시리 그러면 신라의 왕경은 어느 쪽인가요?

진흥왕 어느 쪽이요? 할아버지 법흥왕과 저의 이야기를 쭉 들어 왔다면 어느 쪽인지 금방 알 수 있을 것 같은데요.

시리 저는 후자라고 생각합니다만…….

진흥왕 예, 맞아요. 우리 신라는 시조이신 혁거세 거서간께서 경주 시내 지역을 수도로 삼아 나라를 건국한 이후 경주 시내 안에서 궁궐이나 수도의 중심 구역 등이 일부 변한 적은 있지만 수도 자체를 옮긴 경우는 한 번도 없었습니다. 제가 임금으로 있던 시절만 하더라도 우리 신라의 왕경은 궁궐인 월성을 중심으로 서쪽과 남쪽 지역에 주요 주거지가, 그 바깥으로는 서쪽과 북쪽 지역에 거대한 고분군이, 마지막으로 고분군 바깥의 서쪽 지역에는 흥륜사와 영흥사 등의 사찰 구역이 형성되어 있었습니다. 여기에 하나 덧붙인다면 월성 동북쪽에 거대한 황룡사를 만들어 미래 우리 신라 왕경의 중심 역할을 하도록 해 놓은 상태였습니다. 이렇게 기존에 형성되어 있던 궁궐과 주거지 등을 완전히 무시하고 아무것도 없다는 전제 아래 완전히 새로 계획해서 짧은 시간 안에 도시를 만든 적이 우리 신라에는 없었습니다. 그러니 당나라의 장안을 모방한 도시를 만들 수 있었을까요? 저는 당나라의 장안을 모방하는 것이 나쁘다거나 잘못되었다고 생각하지는 않습니다. 모방은 상황과 조건에 따라 할 수도 하지 않을 수도 있으며, 긍정적일 수도 부정적일 수도 있는 것이니까요. 다만 모방할 상황과 조건이 갖춰져 있지 않았는데도 당시 당나라가 동아시아에서 정치적·군사적·문화적 패권 국가였기 때문에 당연히 모방하지 않으면 안 된다는 선험적인 명제를 전제로 우리 신라 왕경의 도시 계획을 이해하려는 것이 참 이상할 뿐입니다. 여러분들이 잘 아는 예를 들어 드릴게요.

시리 저희가 잘 알고 있는 게 있다고요?

진흥왕 예. 들으시면 고개가 끄덕여질 거예요. 지난 인터뷰인 서울 편 1과 2에서 들었던 내용이 기억나실 거예요. 당시 명나라와 청나라는 당나라 못지않게 동아시아의 패권 국가였고, 조선은 잘 아시다시피 철저하게 명나라와 청나라를 사대했던 나라였잖아요. 그럼에도 조선은 명나라와 청나라의 수도였던 북경을 모방해서 수도를 새로 만들지 않았습니다. 여러분들이 원간섭기라고 부르는 시기에 고려는 뭐 하나 스스로 결정하기 어려운 원나라의 속국이었잖아요. 그럼에도 불구하고 고려는 당나라보다도 훨씬 강한 영향력을 미쳤던 원나라의 수도

대도大都를 모방해서 수도를 다시 만든 적이 없습니다. 당연히 고려의 개성은 원나라의 대도와 닮은 점이 전혀 없지요. 조선과 고려의 예에서 보듯이 이런 현상들을 어떻게 설명할 겁니까?

시리 무슨 말씀인지 알 것 같습니다. 1960년대 이후 우리나라의 경제 성장이 미국으로의 대량 유학을 통한 지식의 유입과 밀접한 관련이 있지만, 미국과 우리의 도시가 공통점보다는 차이점이 더 많이 있는 것과 비슷하게 설명할 수 있는 거네요?

진흥왕 저는 옛날 사람이라 그건 미처 생각하지 못했는데, 들어 보니 그럴 것 같습니다.

궁금 임금님 말씀 충분히 이해가 되네요. 그런데 제가 예습한 바로는 황룡사를 중심으로 주변 지역에 직사각형의 도시 구획 유적이 많이 발굴되고 있다고 들었습니다. 당나라의 장안은 전체적으로 방리제坊里制 또는 조방제條坊制라는 직사각형의 도시 구획으로 이뤄져 있는데요. 혹시 이 유적은 이를 모방한 게 아닌가요?

진흥왕 궁금 씨, 정말 예습 많이 해 왔네요. 황룡사를 중심으로 주변 지역에 직사각형의 도시 구획 유적이 많이 발굴되고 있고, 앞으로도 더 많이 발굴될 겁니다. 하지만 하나만 여쭤볼게요. 직사각형으로 도시를 구획하는 것이 당나라의 장안에서만 나타난 독특한 현상일까요? 궁금씨, 어떻게 생각하세요?

궁금 뭐, 그건 아닐 것 같습니다.

진흥왕 여러분들이 세계 다른 지역의 도시 계획 유적을 찾아보면 직사각형의 도시 구획은 모든 도시는 아닐지라도 다수의 도시에서 나타난 일반적인 현상이라는 사실을 알게 될 겁니다. 특히 평지도시의 경우에는 말이죠. 우리 신라의 왕경도 평지가 많았습니다. 그러니 도시 계획을 할 경우 직사각형의 도시 구획을 할 수 있는 거죠. 그것만으로 당나라의 장안을 모방했다고 한다면 세계의 여러 지역에서 나타난 직사각형의 도시 구획은 다 당나라의 장안을 모방했다고 설명하는 것과 무엇이 다르겠습니까? 우리 신라는 백제와 고구려를 멸망시키고 청천강과 영흥만을 잇는 큰 나라가 되었죠. 그리고 나당전쟁을 승리로 이끈 후 200년 가까이 평화의 시기를 구가할 때 왕경의 규모가 엄청나게 커졌는데요. 이때는 무분별한 도시 확장을 막기 위해 도시 계획을 실시해 평지에서는 사각형의 도시 구획을 많이 만들었다고 보시면 될 겁니다.

궁금 제가 예습한 자료에서는 남천 가의 월성과 북천 가의 대궁지를 잇는 주작대로를 설정하는 경우가 많았는데요. 이에 대해서 임금님은 어떻게 생각하시나요?

진흥왕 그건 주작대로의 의미에 대해 잘 모르는 분들의 상상일 뿐입니다. 당나라 장안의 도시 계획에서 주작대로는 도시 전체를 감싼 나성羅城 남쪽(주작朱雀)의 정문에서 북쪽 정궁의 정문까지 직선으로 연결된 엄청나게 넓은 남북대로입니다. 이 주작대로는 나성의 정문을 들어선 사람이 직선의 넓은 도로를 따라 정궁에 가까이 가면서, 높고 웅장하며 화려한 궁궐 건축에 시각적으로 압

신라 왕경 모형도

도되어 임금의 권위를 스스로 인정하게 만드는 역할을 하라고 만들었지요. 그런데 우리 신라의 왕경은 나성도 없었고, 지형적으로 나성의 정문에 해당되는 위치에서부터 궁궐까지 직선의 넓은 주작대로를 만들 수 있는 구조도 아니었습니다. 그런데 주작대로가 남북 직선의 넓은 도로라는 생각에만 사로잡혀 궁궐이었던 북천 가의 전랑지 유적을 대궁지로 상정해 남천 가의 월성과의 사이에 남북 직선의 넓은 주작대로가 있었다고 상상하는 것은, 음…… 저로서는 이해가 되지 않습니다. 옛날의 도시가 실제로 기능할 때는 평면의 도시 계획도나 유적 발굴 지도에 의해서가 아니라, 시각적 상징을 담고 있는 입체적인 풍경에 따라 유지되고 소비되었다는 점을 잊지 말았으면 좋겠습니다.

시리 시각적 상징을 담고 있는 입체적인 풍경에 따라 유지되고 소비되었다는 말씀은 지난 서울 편에서도 종종 들었는데요. 이미 풍경이 사라진 고대도시를 이해할 때는 마음의 눈으로라도 풍경을 만들어 가면서 살펴봐야 한다는 의미로 봐도 될까요?

진흥왕 안시리 아나운서가 정리를 잘해 주셨네요. 이미 풍경이 사라진 고대도시를 연구할 때 평면의 도시 계획도나 유적 발굴 지도만으로 이해하려는 연구자가 있다면 앞으로는 혹독하게 비판받아 마땅합니다. 설사 그것만 갖고 연구할 수밖에 없는 한계가 있다고 하더라도 그 위에 입체적인 상징 풍경을 만들어 내며 도시의 구조를 이해하려는 연구자라야 진정한 연구자가 될 수 있습니다. 상징 풍경이 사라진 전통도시는 역사 속에 존재한 적이 없는 유령의 도시일 뿐입니다.

시리 무슨 말씀인지 알겠습니다. 그렇다면 신라 왕경의 상징 풍경은 어떤 식으로 만들어져 있었나요?

진흥왕 음…… 저야 당연히 알고 있지만 이것 또한 하늘나라에서 제시한 조건 때문에 말씀드릴 수는 없습니다. 다만 첫째, 우리 신라의 궁궐은 조선의 궁궐과 달리 멀리서 바라봐도 그 권위가 느껴질 정도로 높고 웅장하며 화려한 모습을 하고 있었고요. 둘째, 월성 북쪽의 만월성이 발굴된다면 직선의 넓은 간선도로가 도시 중심의 월성과 만월성 궁궐을 향해 당나라, 백제, 고구려 등과 연결된 서쪽, 그리고 국제 무역항이었던 울산항과 연결된 동쪽, 그리고 발해와 동해안과 연결된 북쪽에서 모어드는 형태였을 가능성이 있다는 점만 말씀드리겠습니다.

경주 시내 도시 계획의 확장 토대를 만들다

시리 앞으로 경주에 대한 발굴이 더욱 활발하게 이뤄져서 더 분명한 신라 왕경의 모습이 우리의 눈앞에 나타나기를 기대해 보겠습니다. 자, 시간이 많이 지났습니다. 이제 슬슬 정리할 때가 온 것 같은데요. 신라 왕경의 도시 계획과 관련해서 말씀해 주실 마지막 주제는 무엇인가요?

진흥왕 시간이 벌써 그렇게 되었나요? 마지막 주제라⋯⋯. 현재의 경주 시내만 보면 알 수 없는 고대의 경주 시내 지형에 대해 한번 말씀드리면 어떨까 합니다.

궁금 그렇다면 경주의 지형이 많이 달라졌다는 의미인가요?

진흥왕 왕경 내 도시와 관련해서 큰 틀에서의 지형은 달라지지 않았습니다만 인간의 노력이 들어가면서 도시의 확장 가능성이 바뀌었다고 하는 게 가장 적절할 것 같습니다. 기술과 장비가 엄청나게 발달한 요즘은 이런 현상이 경주에서만이 아니라 우리나라 전국 방방곡곡의 도시에서도 나타나지만, 우리 신라만을 놓고 보면 대도시였던 왕경을 제외하면 잘 나타나지 않았습니다.

시리 신라의 왕경에서 인위적으로 지형을 바꿔 도시를 확장시켰다는 의미로 들리는데요.

진흥왕 예, 그렇게 보면 됩니다. 여기서 퀴즈 하나 내 볼게요. 우리나라 기후에서 도시의 확장 가능성을 가장 제약하는 요소가 무엇이었을까요?

시리 생각해 보지 못한 유형의 질문이라 조금 당황스럽긴 합니다.

진흥왕 그러면 범위를 좁힐 수 있는 힌트를 드리겠습니다. 첫째, 경주 시내의 서쪽에는 서천(형산강)이 남쪽에서 북쪽으로 흐릅니다. 둘째, 동남쪽에서 흘러온 남천이 경주 시내의 남쪽을 지나고, 동쪽에서 흘러온 북천이 경주 시내의 북쪽을 지나 서천(형산강)에 합류합니다. 셋째, 경주 시내는 서천, 남천, 북천에 의해 둘러싸인 평지입니다. 이런 지형적 조건에서 도시의 확장을 제약하는 가장 대표적인 요소는 과연 무엇이었을까요?

시리 대충 짐작이 됩니다. 우리나라의 기후 중에서 지형과 가장 밀접한 관련이 있는 현상은 강수량, 그 중에서도 짧으면 열흘, 길면 한 달 정도 지속되는 장마철의 집중호우가 우리나라 연강수량의 3분의 1 정도라고 합니다. 장마철 이외에도 태풍이 지나갈 때 장맛비 못지않은 집중호우가 내립니다. 그래서 평상시에 가 보면 아무 문제가 없을 것처럼 보이는 지형인데, 홍수가 났을 때 가서 보면 물바다가 되어 있는 경우를 꽤 볼 수 있거든요.

진흥왕 안시리 아나운서의 지리적인 지식이 대단합니다. 바로 그겁니다. 하천에 물이 가장 적을 때와 물이 가장 많을 때의 비율을 나타내는 하상계수河狀係數라는 것이 있는데요. 우리나라 한강의 경우는 1:393인데, 이것은 한강에서 가장 많을 때의 물이 가장 적을 때의 물보다 무려 393배나 많다는 의미입니다. 낙동강의 하상계수는 1:372, 금강은 1:299입니다. 다른 나라 하천의 하상계수도 잠깐 살펴볼까요? 이집트의 나일강은 1:30, 중국의 양쯔강은 1:22, 독일의 라인강은 1:8, 아프리카의 콩고강은 1:4입니다. 그렇다면 하상계수가 유난히 큰 우리나라의 하천은 비가 오지 않는 시기에 어떤 모습일까요? 궁금 씨가 한번 말씀해 보실래요?

궁금 음…… 물이 흐르는 부분은 아주 작고, 비가 왕창 올 때
만 물에 잠기는 둔치는 엄청 넓던데요?

진흥왕 궁금 씨가 제대로 말씀하셨어요. 비가 오지 않을 때의
우리나라 하천 모습은 비가 왕창 올 때만 물에 잠기는
둔치가 엄청 넓은 특징을 갖고 있습니다. 비가 오지 않
을 때 하천을 가 보고서는 방치된 둔치가 아까워서 그
곳에 농사를 짓는다거나 건물을 짓는다면 어떻게 될까
요? 이번에도 궁금 씨가…….

궁금 하하하! 임금님, 너무 쉬운 것 아닌가요? 장마나 태풍
이 왔을 때 비가 왕창 오면 다 물에 잠겨서 난리가 나
잖아요.

진흥왕 그렇죠? 이런 이유로 우리나라의 도시나 마을은 하천
가에 거의 만들지 않았습니다. 만약 만들고 싶다면 하
천의 바닥을 깊게 파는 준설 작업浚渫作業이나 둑을 튼튼
하게 높이는 제방 공사堤坊工事를 시행해야 합니다. 그런
데 이게 쉽지가 않죠. 일단 준설 작업이든 제방 공사든
엄청난 인력이 투입돼야 합니다. 다음으로 하천의 바
닥을 깊게 파 놓아도 홍수 때 상류로부터 실려 내려온

흙과 돌로 대부분 메꿔지기 때문에 준설 작업은 해마다 시행해야 하고, 또 큰 홍수가 나면 제방이 무너지는 경우도 허다합니다. 그러니 우리나라에서 평지의 하천가에 농지를 개발하기도, 도시나 마을을 만드는 것도 정말 어려운 일입니다. 이 정도 얘기하면 서쪽엔 서천이, 북쪽엔 북천이, 남쪽엔 남천이 둘러싼 평지의 경주 시내에서 도시를 계획하거나 확장하려고 할 때 무엇이 선행되어야 하는 건지 충분히 짐작하실 수 있지 않을까요?

시리 이제 무슨 말씀인지 완벽히 알 것 같습니다. 홍수 때 서천, 북천, 남천의 범람에 대한 대비가 충분히 되어 있어야 경주 시내에 도시를 건설할 수 있었다는 의미네요.

진흥왕 맞아요. 우리 신라 왕경의 초기 도시는 경주 시내의 평지에 만들어지지 않았어요. 할아버지 법흥왕 임금님께서 지난 시간에 이미 말씀하신 대로, 정궁이 있었던 월성을 중심으로 하천 범람의 위험으로부터 안전한 남쪽 지역, 서쪽 일부 지역에 초기의 도시가 형성되어 있었습니다. 하지만 우리 신라가 강국이 되어 왕경으로의 인구 집중이 일어나면서 도시의 확장이 대대적으로 일어났어요. 그래서 당연히 월성 북쪽에 있는 경주 시내의 넓은 평지를 도시로 개발할 수밖에 없었습니다. 그런데 그렇게 하려면 홍수 때 발생하는 서천과 북천의 범람에 대한 대비가 충분히 이뤄지지 않으면 안 되었어요. 남천의 경우 지형이 높은 월성에 의해 경주 시내로의 범람이 차단되어 서천과의 합류 지점을 제외하면 왕경 초기부터 범람의 위험은 거의 없었지요. 서천과 북천에 대한 범람 대비의 출발은 할아버지 법흥왕 때부터 시작되었고, 저를 거쳐 손자인 진평왕과 증손녀인 선덕여왕 때 거의 완성되었습니다.

시리 임금님, 그러면 이 시기에 엄청난 인원을 동원해서 서천, 북천, 남천에 대한 준설 작업과 제방 축조를 대대적으로 시행했다는 의미로 이해해도 되는 건가요?

진흥왕 예, 맞아요. 다만 너무 큰 공사였기 때문에 한 시기에 모두 시행된 것은 아닙니다. 많은 인력을 동원해야 하는 관계로 우리 신라의 국교가 된 불교의 사찰을, 하천 범람을 막아 주는 수호신으로 삼아서 순차적으로 병행해 시행했습니다.

시리 준설 공사와 제방 축조를 사찰의 건설과 병행했다는 말씀은 무슨 뜻인가요? 상당히 흥미로운데요?

진흥왕 불교가 이차돈의 순교를 통해 우리 신라의 국교國教가 되었잖아요. 할아버지 법흥왕께서 불교 발전에 최선을 다해 노력했다고 하더라도 귀족과 백성들에게 빠르게 수용 흡수되기 위해서는 불교 자체의 교리만으로는 쉽지 않았어요. 이때 경주 시내 평지로의 도시 확장을 염두에 두고 불교 사찰의 이미지를 하천 범람으로부터 도시를 보호해 주는 수호신으로 만들어 갔어요. 그러면서 귀족과 백성들에게 더욱 친근하면서도 위엄 있는 모습을 갖추도록 했죠. 그 첫 번째가 할아버지 법흥왕 임금님께서 서천 가에 만드신 흥륜사와 영흥사입니다. 이곳에는 원래 하천 범람에 대비해서 보호하던 천경림天鏡林이란 큰 숲이 있었는데요. 그 숲을 없애고 그 자리에 흥륜사와 영흥사를 만들고 더불어 서천에 대한 제방 공사도 병행했습니다. 그 결과 대릉원 등의 고분군 서쪽 지역, 즉 중국, 백제, 고구려 등과 연결된 경주 시내 서천 가의 평지에 도시가 확장될 수 있는 토대가 만들어졌습니다. 그리고 제가 북천이 주기적으로 범람하면서 습지를 이루고 있던 지역에 신라 최대의 사찰인 황룡사를 만들고 북천을 정비하면서 월성 동북쪽 지역으로의 도시 확장이 가능해졌습니다. 선덕여왕 때는 북천 가의 분황사, 남천 가의 영묘사 등을 만들 때 북천과 남천을 다시 대대적으로 정비하면서 경주 시내의 평지로의 도시 확장이 거의 모두 가능하게 되었다고 보면 됩니다. 분황사의 건립에 대해서는 선덕여왕에게 직접 들을 수 있는 기회가 있을 건데요. 백제와 고구려를 멸망시킨 후 급속하게 확장된 경주 시내 평지의 도시 부분에서는 대부분 사각형의 도시 계획이 이뤄졌다고 보면 됩니다.

시리 경주를 여행하는 많은 분들이 지금 경주시의 중심지가 경주 시내에 있어서 신라 왕경의 초창기에도 당연히 그랬을 거라고 생각할 것 같습니다. 하지만 장마나 태풍 때 강수량이 집중되는 우리나라의 기후를 고려하면 그게 쉽지 않은 일이었다는 사실을 진흥왕 임금님께서 잘 정리해 주셨습니다. 요약해 보면 법흥왕 임금님의 불교 공인으로부터 시작되어 진흥왕 임금님을 거쳐 선덕여왕 임금님에 이르기까지 하천의 범람을 막을 수 있는 위치에 사찰을 건설하고 준설 작업과 제방 축

서천
북천
분황사
황룡사터
흥륜사터
첨성대
(추정)영흥사터
월성
남천
영묘사터
낭산

조를 병행하면서 신라 왕경의 도시는 경주 시내의 평지 지역으로 확장이 가능하게 되었고, 이렇게 확장된 지역에는 사각형의 도시 계획이 이뤄졌다는 말씀이셨습니다. 아쉽지만 이제 오늘의 '역사 인물 환생 인터뷰'를 끝낼 때가 되었습니다. 진흥왕 임금님, 프로그램에 출연하신 소감을 간단하게 말씀하시면서 마무리를 해 주시면 감사하겠습니다.

진흥왕 너무 오래전의 일이고 유적의 대부분이 사라졌기 때문에 뭐 하나 딱 부러지게 설명드리지 못한 아쉬움이 큽니다. 그래도 우리 신라 왕경의 풍경과 도시 계획의 큰 흐름에 대해 말씀드릴 수 있어서 감사한 시간이었습니다. 시청자 여러분들이 세계적으로 독특한 서울의 풍경과 도시 계획에 대한 선입견, 중국 당나라의 것을 무조건 모방해야 한다는 사고의 사대주의만 버리면 우리 신라 왕경의 풍경과 도시 계획에 대한 이미지를 떠올리는 것이 별로 어렵지는 않을 거라고 생각합니다. 아무쪼록 오늘의 제 인터뷰가 역사의 상식을 풍부하게 하는 데 조금이라도 도움이 되었기를 바라고요. 저도 남은 2주 동안 경제적으로 풍요롭고 정치적으로 민주적인 대한민국의 모습을 찬찬히 구경한 후 무사히 하늘나라로 복귀하도록 하겠습니다. 감사합니다.

시리 마지막까지 우리가 역사의 상식을 풍부하게 만들기 위해 버려야 할 것들을 잘 지적해 주셨네요. 오늘 신라 왕경의 풍경과 도시 계획에 대한 이야기를 열정적으로 전해 주신 진흥왕 임금님께 정말 감사드리고요. 늦게까지 시청해 주신 시청자 여러분, 두 시간 동안 함께 자리해 주신 궁금 씨와 청중 열 분께도 감사의 말씀을 전합니다. 다음 주에도 신라 편이 이어집니다. 또 어떤 이야기가 우리를 기다리고 있을지 많이 고대하고 계실 텐데요. 새로운 역사 상식에 대한 시청자 여러분들의 갈증을 시원하게 풀어 드릴 수 있는 분들을 모실 것을 약속드리면서 오늘의 '역사 인물 환생 인터뷰'를 마치도록 하겠습니다. 편안한 토요일 밤 되십시오.

풍수가 사찰로,
크고 웅장한 목탑에서
작은 석탑으로
바뀌다

시리 안녕하세요. 역사 방송 아나운서 안시리, 인사드립니다. 지난주 진흥왕 임금님께서 조선의 수도 서울과는 전혀 다른 신라 왕경의 풍경과 도시 계획에 대해 이야기해 주셨는데요. 아울러 당나라 장안의 도시 계획을 무조건 따랐을 것이라는 선험적 명제에 대해서도 체계적인 비판을 해 주셨습니다. '역사 인물 환생 인터뷰' 신라 편의 네 번째 날인 오늘은 신라 제27대 선덕여왕 임금님과 제30대 문무왕 임금님 두 분을 모시고 풍수가 무덤에서 사찰로 확산된 주제를 중심으로 이야기를 진행해 보도록 하겠습니다. 두 임금님, 어서 오십시오. 모두 큰 박수로 맞이해 주시기 바랍니다.

선덕여왕 안녕하세요. 신라의 제27대 임금 선덕여왕 인사드립니다. 시청자 여러분, 만나 뵙게 되어서 반갑고요. 오늘 저에게 주어진 주제인 분황사와 영묘사, 황룡사 구층목탑 등에 대해 성실하게 답해 드릴 것을 약속드립니다. 다만 여기서 하나 말씀드리고 싶은 게 있습니다. 여러분들이 제가 여자라는 이유로 습관적으로 선덕여왕이라고 부르고 있어서 저도 따르긴 하겠습니다만, 공식 이름은 선덕여왕이 아니라 선덕왕善德王이라는 사실만은 꼭 알려 드리고 싶습니다. 아버지 진평왕 임금님께 아들이 없었고, 그래서 딸인 제가 임금의 자리에 올랐죠.

시리 아~ 사회자로서 저도 선덕여왕 임금님이 아니라 선덕왕 임금님으로 불러 드려야 한다고 생각합니다만 많은 분들이 이미 선덕여왕이라는 호칭에 너무 익숙해져 있어서 앞으로도 선덕여왕 임금님이라고 부르기로 한 점에 대해 너그럽게 이해해 주시길 바랍니다. 이번엔 문무왕 임금님께서 인사말씀 해 주시면 감사하겠습니다.

문무왕 안녕하세요. 신라의 제30대 임금 문무왕 인사드립니다. 저도 시청자 여러분들을 만나서 반갑고요. 저의 칠촌 고모님이신 선덕여왕 임금님과 함께 출연할 수 있어서 정말 영광입니다. 선덕여왕 임금님께 누가 되지 않도록 저에게 주어진 주제인 사천왕사, 망덕사, 감은사 등에 대해 열심히 이야기해 드리도록 하겠습니다.

북천의 수호신, 분황사를 만들다

시리 두 분의 임금님을 모시고 '역사 인물 환생 인터뷰'를 진행하는 것은 처음입니다. 사회자로서 색다른 느낌인데요. 두 임금님의 즉위 순서대로 이야기를 듣도록 하겠습니다. 궁금 씨도 저와 마찬가지의 기분일 것 같은데요. 오늘도 질문의 첫 포문 잘 열어 주시기 바랍니다.

궁금 안녕하세요. 역사도우미 궁금 인사드립니다. 저도 두 임금님을 한 번에 만나 뵈니 신기하고 좀 어리둥절하기도 합니다. 안시리 아나운서가 두 임금님의 즉위 순서대로 이야기를 듣겠다고 미리 말씀해 준 대로 먼저 선덕여왕 임금님께 질문드리겠습니다. 임금님께서 즉위하신 지 3년째가 되는 634년에 경주의 분황사를 만드셨다고 알고 있습니다. 저도 분황사를 가 봤는데요. 이해가 안 되는 것이 하나 있어 질문드리겠습니다.

선덕여왕 예, 말씀하세요. 무엇이 궁금 씨를 궁금하게 만들었을까요?

궁금 '향기로운 황제의 절'이란 뜻을 가진 분황사芬皇寺가 신라 최초의 여왕으로서 등극하신 임금님의 권위를 높이기 위해 만든 사찰이라는 이야기가 있는데요. 이 말이 맞다면 저로서는 이해가 되지 않는 게 있습니다. 황룡사는 신라에서 가장 크고 웅장한 사찰이었잖아요. 만약 그런 황룡사 근처에 또 다른 사찰을 만들면 아무리 크고 웅장하게 만들어도 상대적으로 작게 보이기 마련일 것입니다. 그런데 제가 직접 가서 본 분황사는 황룡사의 바로 북쪽에 있었는데요. 그렇다면 '분황사는 신라 최초의 여왕으로서 등극한 임금님의 권위를 높일 수 있었을까?' 하는 의문이 들었습니다. 임금님, 황룡사 바로 북쪽에 분황사를 만들면 상대적으로 크고 웅장하게 보이기 어렵다는 사실을 설마 모르신 건가요? 만약 알고도 그러셨다면 왜 거기에 만드신 건가요?

선덕여왕 궁금 씨가 분황사를 가 보고는 정말 많은 생각을 하셨네요. 제가 이 질문에 대한 답을 드리기 전에 두 가지 정도 먼저 질문을 하도록 하겠습니다. 혹시 안시리 아나운서도 분황사에 가 보셨죠?

시리 예, 저도 몇 번 가 봤습니다. 대한민국 사람이라면 분황사를 가 보지 않은 사람을 찾기가 어려울 것 같은데요.

선덕여왕 그만큼 유명한 곳이라 생각하겠습니다. 우선 지금의 분황사가 제가 만든 분황사와 규모가 비슷할 거라고 생각하시나요?

시리 당연히 아니죠. 지난주 진흥왕 임금님께서 월성, 흥륜사, 영흥사, 황룡사 등을 말씀하실 때 상대적으로 크지도 웅장하지도 화려하지도 않은 조선의 건축물이 세계적으로 독특한 것이고, 신라의 건축물은 세계 다른 문명이나 나라에서 흔하게 볼 수 있는, 크고 웅장하며 화려하게 만들었다고 이야기하셨습니다. 그렇다면 분황사도 마찬가지 아니었을까요?

선덕여왕 진흥왕 임금님의 이야기를 잘 경청하셨네요. 맞아요. 분황사도 조선의 건축물에 비하면 훨씬 크고 웅장하며 화려하게 만들었어요. 지금보다 사찰의 영역도 훨씬 컸다는 것을 상상하며 분황사 이야기를 들어야 합니다. 그럼에도 불구하고 분황사를 우리 신라의 최대 사찰인 황룡사 바로 북쪽에 만들었기 때문에 상대적으로 크고 웅장하며 화려하게 보이긴 어려웠을 거라는 궁금씨의 말은 100퍼센트 인정합니다. 경주 시내에는 우리 신라의 사찰이 엄청 많았는데요. 영묘사와 흥륜사 등 고려시대를 거쳐 조선 초기까지도 살아남았던 사찰도 꽤 있었습니다. 그런데 숭유억불崇儒抑佛을 모토로 삼았던 조선에서 다 사라지고 분황사만 살아남았죠. 혹시 안시리 아나운서는 왜 분황사만 살아남았는지 생각해 본 적이 있나요?

시리 음…… 그건 미처 생각해 보지 못했습니다.

선덕여왕 궁금 씨는요?

궁금 저도 마찬가지입니다. 혹시 임금님께서 분황사를 거기에 만든 것과 관련이 있나요?

선덕여왕 궁금 씨의 감이 좋네요. 맞아요. 관련이 아주 많습니다. 그럼에도 사람들이 그걸 잘 생각해 내지 못하더라고요. 분황사의 남쪽 입구에서 동쪽으로 약간만 옮겨 간 다음 동북쪽을 바라보세요. 그러면 북천이 명활산과 소금강산 줄기 사이의 협곡을 지나 분황사 쪽으로 직진해서 밀려오는 듯한 모습을 잘 볼 수 있을 거예요. 궁금 씨 혹시 이렇게 해 본 적이 있나요?

궁금 아니요. 생각지도 못한 걸요.

선덕여왕 알겠습니다. 경주 시내를 둘러싼 세 개의 하천 중 홍수 때 경주 시내로의 범람 위험이 가장 큰 하천은 북천입니다. 왜 그런지 이제부터 살펴보도록 할게요. 남천과 북천의 유역 면적은 거의 같아요. 이는 홍수 때 하늘에서 내리는 강수량의 총량도 거의 같다는 의미입니다. 그런데 남천의 경우 경주 시내에 도착하기 전에 넓은 평지를 지나면서 하천의 운반 능력이 확 떨어집니다. 그래서 밥통만 한 돌이나 자갈은 상류에 쌓이고 경주 시내 부근의 남천에는 모래만 운반되어 쌓이게 되지요. 반면에 북천의 경우 명활산과 소금강산 사이의 협곡에 이르기까지도 산간 계곡을 휘돌아 거세게 흘러내립니다. 이 때문에 하천의 운반 능력이 아주 커서 명활산과 소금강산 사이의 협곡에까지 밥통만 한 돌이나 자갈을 운반해 오지요. 그런데 거기부터 갑자기 경주 시내의 평지를 만나 하천의 운반 능력이 확 떨어지면서 밥통만 한 돌이나 자갈이 경주 시내 부근의 북천에 쌓이게 되지요. 이런 두 하천의 특징 때문에 자연 하천의 상태에 훨씬 더 가까웠던 일제 강점기 때 북천의 하폭은 남천의 하폭보다 최대 네 배나 넓었습니다. 안시리 아나운서, 혹시 이게 무엇을 의미하는지 말씀해 주실 수 있나요?

시리 음…… 유역 면적이 같으면 흐르는 물의 양도 같을 텐데, 하폭은 북천이 남천보다 최대 네 배나 넓다… 원리상 따져 보면 남천은 하천의 깊이가 깊은 반면에 북천은 얕다는 것을 의미한다고 봅니다. 그리고 그렇게 된 이유는 경주 시내 부근에서 북천은 상대적으로 퇴적 작용이 강하고 남천은 상대적으로 침식 작용이 강했다는 의미가 아닐까 합니다.

선덕여왕 안시리 아나운서의 지리 지식이 대단합니다. 정확히 맞히셨습니다. 남천은 홍수 때 경주 시내에 도착하기 직전 남산의 북쪽 사면에 부딪혀 북쪽으로 꺾어지고, 다시 연속해서 월성에 부딪혀 서쪽으로 꺾어지면서 물의 힘이 강해져 침식 작용을 일으킵니다. 그 결과 경주 시내 남천의 바닥 깊이가 깊어지고 폭은 좁아졌습니다. 반면에 북천은 홍수 때 명활산과 소금강산 줄기 사이의 협곡까지는 물의 힘이 엄청 강했는데 그 협곡을 지나면서 갑자기 평지를 만나 약해지면서 퇴적 작용을 일으킵니다. 그 결과 북천 바닥의 깊이는 얕아지고 폭은 엄청나게 넓어졌습니다. 이런 연유로 북천의 폭이 남천의 폭보다 최대 네 배나 넓게 되었습니다. 지금이야 북천 상류에 덕동호와 보문호를 만들어 홍수 때 물을 조절할 수 있게 되었고, 준설 작업을 잘하고 제방도 튼튼하게 만들었기 때문에 하천의 폭을 일제 강점기 때보다 절반으로 줄였습니다. 그리고 북천의 하천 바닥

에는 원래 밥통만 한 돌들이 정말 많았는데요. 하천의
정비 과정에서 거의 없애 버려 지금은 보기가 어렵습
니다. 남천과 북천에 대한 이런 지식을 갖고 위의 지도
를 한번 보실래요?

궁금 씨, 어때요?

궁금 홍수 때 명활산과 소금강산 줄기 사이의 협곡을 지난

엄청난 물이 동북쪽에서 경주 시내를 향해 막 쏟아져 들어올 것 같은 모습이 지도에 담겨 있는 것 같습니다. 그런데 분황사 부근에서 갑자기 서북쪽으로 꺾여 흘러 가는데요? 임금님, 혹시 저러한 북천의 흐름과 분황사의 건설이 어떤 연관이 있는 건가요?

선덕여왕 지도만 봐도 그렇게 짐작이 되죠? 맞아요. 연관이 깊습니다. 조선시대 분황사부터 명활산 산줄기까지 북천을 따라 제방이 만들어져 있었고, 그 위에는 오리수五里藪라는 숲을 조성해 보호했습니다. 오리수는 '5리에 걸쳐 있는 숲'이란 뜻인데요. 제방과 오리수는 큰 홍수가 났을 때 남쪽의 평지 방향으로 북천의 물이 범람하는 것을 막아 주는 역할을 했습니다. 그렇다면 분황사는 어떤 역할을 했을까요? 이번에는 안시리 아나운서가 대답해 주시겠어요?

시리 분황사 부근에서 동북쪽으로부터 흘러들어 온 북천의 물이 서북쪽으로 꺾여나가잖아요? 만약 분황사가 없었다면 큰 홍수가 났을 때 북천의 범람한 물이 서남쪽의 경주 시내로 향했을 것 같습니다.

선덕여왕 예, 맞아요. 그렇다면 숭유억불을 추구했던 조선시대에 그 많던 경주 시내의 사찰이 모두 폐허가 되어 사라졌음에도 오직 분황사만 살아남아 지금까지 이어져 온 이유를 짐작할 수 있을 거예요. 궁금 씨, 어때요?

궁금 무슨 말씀인지 알겠습니다. 비록 신라나 고려 때보다는 규모가 훨씬 작아졌지만 분황사를 폐허로 만들지 않고 계속 운영하게 해 준 이유가, 큰 홍수가 났을 때 북천의 물이 서남쪽의 경주 시내로 범람하지 않도록 관리해 주는 역할을 하라고 한 의미였군요.

선덕여왕 바로 그거죠. 그렇다면 제가 크고 웅장하며 화려하게 지었음에도 상대적으로 크지도 웅장하지도 화려하지도 않게 보이는 단점을 무릅쓰면서까지 황룡사의 바로 북쪽에 분황사를 세운 이유도 아시겠죠?

시리 아, 이제 너무 쉬워집니다. 진흥왕 임금님께서 말씀하신 하천 범람으로부터 경주 시내의 신라 왕경을 보호해 주는 수호신으로서의 사찰, 그게 가장 적나라하게 나타난 사찰이 분황사라는 말씀이네요. 그리고 그 분황사가 임금님의 권위와 밀접한 관련하에 만들어졌으니, 결국 임금님은 경주 시내의 신라 왕경을 보호해 주는 존재로서 우뚝 서게 된 것이고요. 그런 상징성 때문에 신라 최대의 사찰인 황룡사의 바로 북쪽에 위치함에도 당시의 신라 사람들에게는 큰 의미가 있는 사찰이 되었겠네요.

선덕여왕 이제 더 이상 제가 분황사를 왜 그 자리에 건설했는지 말하지 않아도 되겠네요. 진흥왕 임금님께서는 황룡사를 만들면서 북천에 대한 준설 작업과 제방 축조 사업을 병행했습니다. 그런데 큰 홍수가 나면 동북쪽에서 흘러들어 온 북천이 서북쪽으로 꺾이는 지점에서 자꾸 범람을 하는 거예요. 그래서 안 되겠다는 생각이 들었고, 제가 우리 신라 최초의 여왕으로 즉위하자 이곳저곳에서 말들이 많은 것을 잠재우기 위해 그 지점에 분황사를 만들기로 한 겁니다. 분황사라는 대공사를 끝내고 나니까 월성 북쪽 지역에 도시의 여러 시설들이 안전하게 들어설 수 있게 되었고, 이러저러한 말들이 좀 수그러들더라고요.

시리 역시! 대단하십니다.

선덕여왕 고맙습니다. 이왕 이렇게 된 것, 제가 즉위한 지 4년째가 되는 635년에 완성한 영묘사의 이야기도 해 드리죠. 앞의 지도에 영묘사 위치도 표시해 놨는데요. 왜 저기에 영묘사를 만들었을까요? 이젠 너무 쉬운 질문일 것 같은데요. 궁금 씨가 대답해 주시겠어요?

궁금 음…… 분황사처럼 남천이 꺾이는 지점에 있지 않아 좀 그렇긴 한데요. 분황사와 거의 같은 시기에 만들어졌으니 그래도 남천의 정비와 관련이 있을 것 같은 느낌이 듭니다. 맞나요?

선덕여왕 궁금 씨의 느낌을 그대로 믿으면 됩니다. 아까 홍수 때 남천의 깊이가 깊어지고 하폭이 좁아졌다고 했잖아요. 그런데 서천과 만나는 지점에서는 양상이 달라집니다. 그곳은 거의 평지잖아요. 그래서 물의 흐름이 급격히 약해지면서 퇴적 작용이 일어나 깊이가 얕아지고 하천의 폭은 엄청 넓어졌습니다. 물론 퇴적 작용으로 쌓인 퇴적물은 모래였고요. 북천의 범람을 막기 위해 분황사의 건설을 추진함과 동시에 서천과 남천이 만나는 지점의 범람을 막기 위해 영묘사의 건설도 추진했습니다. 이건 당연히 남천의 준설 작업을 통해 하천의 폭을 줄이고 양옆에는 제방 축조 사업도 병행했다는 의미이지요. 그 결과 영묘사 부근 지역 역시 도시의 주거지가 들어설 수 있는 땅으로 바뀌었습니다. 이때가 되면 경주 시내 대부분이 도시로 개발할 수 있는 땅으로 변했다고 보면 됩니다.

거대한 황룡사 구층 목탑을 세우다

시리 분황사와 영묘사의 이야기가 정말 흥미진진했는데요. 이제부턴 임금님 재위 시절 가장 유명한 건설 공사였던 황룡사 구층 목탑의 이야기로 들어가 보겠습니다.

선덕여왕 예, 그래야죠. 다만 제가 만들었음에도 황룡사 구층 목탑이 너무 유명한 까닭에 주목받지 못한 탑이 하나 있는데요. 분황사 모전석탑이 바로 그겁니다.

시리 분황사 모전석탑이요? 오래전부터 국보로 지정된 꽤 유명한 탑 아닌가요? 더구나 분황사에 가면 누구나 볼 수 있으니 주목받지 못한 탑이라는 말씀이 이해가 가지 않습니다.

선덕여왕 하하하! 안시리 아나운서의 말이 일면 타당해요. 대한민국 사람이라면, 그리고 경주를 여행한 사람이라면 분황사 모전석탑을 모르는 사람은 아마 없을 겁니다. 하지만 분황사 모전석탑에 대한 강렬한 인상을 간직하고

분황사 모전석탑

있는 사람이 얼마나 될까요? 궁금 씨는 모전석탑에 대
해 어떤 인상을 간직하고 있나요?

궁금 음…… 본 기억은 분명히 있고 그 모습도 어렴풋이 떠
오르는데요. 솔직히 말씀드리면 강렬한 인상으로 남아
있지는 않습니다.

선덕여왕 왜 그렇다고 생각하나요?

궁금 구운 벽돌(전塼)로 쌓아 올린 중국의 전탑塼塔을 닮긴 했
지만, 벽돌이 아니라 벽돌처럼 다듬은 돌(석石)로 쌓아
올렸다는 것은 분명히 신기했고 기억에 남습니다. 하

지만…….

선덕여왕 하지만 뭔가요? 주저하지 말고 느낌 그대로 말씀해
보세요.

궁금 규모가 작잖아요. 아니다, 규모가 작다라기보다는 높이
가 우리나라 여기저기서 볼 수 있는 정도의 탑이기 때
문에 강렬한 인상으로 남기는 어려웠던 것 같습니다.

선덕여왕 그래요. 그게 분황사 모전석탑을 본 사람들의 일반적
인 느낌일 겁니다. 뭔가 신기하고 기억되는 것이 있기
는 하지만 크지도 웅장하지도 화려하지도 않은 건축물
이 강렬한 인상으로 남기 어려운 대표적인 사례가 아
닐까 합니다. 분황사 모전석탑의 현재 높이는 9.1미터
이고 그 정도 높이의 탑은 우리나라 여기저기에 많은
흔한 탑이지요. 하지만 분황사 모전석탑을 유심히 살펴
보면 의문 하나를 가질 수 있습니다. 탑의 높이에 비해
기단의 넓이가 너무 넓다, 이거요.

시리 임금님의 말씀은 원래 탑의 높이가 지금보다 훨씬 높
았다는 의미인가요?

선덕여왕 그렇죠. 저뿐만 아니라 진흥왕 임금님께서도 누누이
말씀하셨을 거예요. 우리 신라의 건축물은 조선과 달리

크고 웅장하며 화려하게 만들었다고요.

시리 아, 또 잊어버렸네요. 아무래도 조선시대 건축물의 유산을 이어받은 대한민국 사람은 어쩔 수 없나 봅니다. 방금 임금님의 말씀을 들으니까 크고 웅장하며 화려한 분황사 안에 크지도 웅장하지도 화려하지도 않은 지금의 분황사 모전석탑은 확실히 어울리지 않는다는 느낌이 듭니다. 분황사 모전석탑의 높이에 비해 기단의 넓이가 너무 넓다는 임금님의 말씀은 원래 탑의 높이가 훨씬 더 높았을 거라는 의미죠?

선덕여왕 원래의 모습이 유적으로 남아 있지 않더라도 충분히 추론해 낼 수 있지 않을까 합니다. 저는 분황사와 분황사 모전석탑 건설의 최종 결재자니까 어느 높이였는지 당연히 알고 있지만 역시 하늘나라의 허가 조건 때문에 말씀드릴 수는 없고요. 요즘의 연구자들이 말하는 이야기만 소개해 드릴게요. 분황사 모전석탑은 지금은 삼층으로 이뤄져 있는데, 원래는 칠층이었다는 주장과 구층이었다는 주장이 있습니다. 그런데 여기서 칠층이냐 구층이냐가 중요한 게 아니라 바로 높이가 중요하답니다. 칠층이었다면 41.6미터, 구층이었다면 48.5미터로 보고 있습니다.

궁금 와~ 그렇게나 높았다고요?

선덕여왕 놀랍죠? 어느 것이 맞든, 아니면 둘 다 틀렸다고 해도 지금 우리나라에서 일반적으로 보는 탑보다는 훨씬 높고 거대한 탑이었다는 점은 분명합니다. 하지만 놀라지 않았으면 좋겠어요. 그 정도 높이의 탑이나 건축물은 다른 문명권이나 나라에서 쉽게 발견할 수 있으니까요. 당연히 고구려와 백제에서도 마찬가지였고요. 그리고 대웅전 등 분황사의 다른 건축물들도 그 정도 높이의 탑을 시각적으로 소화할 수 있을 정도로 크고 웅장하며 화려했을 것이라는 점도 충분히 짐작될 것입니다. 여기서 또 하나의 질문을 드리죠. 흥륜사와 영흥사, 영묘사 등 분황사 이전이나 비슷한 시기에 만든 사찰에는 큰 탑이 없었을까요?

시리 저는 지금까지 부처님을 상징하는 탑이 없는 사찰을 본 적이 없습니다. 이런 경험에만 입각하면 말씀하신 사찰들에도 탑이 있었을 것 같고, 사찰의 건축물들이 크고 웅장하며 화려했을 것이기 때문에 탑도 마찬가지였을 것 같습니다.

선덕여왕 안시리 아나운서가 이젠 척척 추론해 내시네요. 저야 다 봤지만 아직까지 유적이 발굴되지 않았기 때문에 확정적으로는 말씀을 못 드리고요. 안시리 아나운서의 추론에 일리가 있다는 정도로만 하고 넘어가겠습니다. 그리고 분황사가 돌을 벽돌 모양으로 다듬어 쌓아 올린 모전석탑이었던 반면에 다른 사찰의 탑들은 대부분 목탑이었을 가능성이 높다는 점도 말씀드릴게요. 목탑 이야기가 나왔으니까 이제 저의 즉위 12년인 643년에 시작해서 645년에 완성한 신라 최대의 탑인 황룡사 구층 목탑에 대해 살펴보기로 하겠습니다.

궁금 임금님, 드디어 황룡사 구층 목탑이네요. 여기서 질문 드리고 싶은 게 하나 있습니다. 황룡사 구층 목탑을 만들기 전에는 황룡사에 탑이 없었나요?

선덕여왕 음…… 이것도 말씀드리기가 좀 그런데요. 아까 안시리 아나운서가 추론한 정도면 될 것 같습니다.

궁금 하늘나라의 허가 조건 때문에요? 아, 알겠습니다. 또 하나 궁금한 것이 있는데요. 왜 황룡사 구층 목탑을 만드신 건가요?

선덕여왕 황룡사 구층 목탑이 그냥 절에 탑 하나 더 세우는 거였다면 이런 질문 자체가 없었겠죠? 탑이 없는 절은 거의 없었으니까요.

궁금 예, 저도 그렇게 생각합니다. 제가 예습한 바로는 『삼국유사』에는 황룡사 구층 목탑의 높이가 225척尺이라고 정확하게 기록되어 있는데, 여기서 1척尺의 길이를 고구려척尺으로 계산하면 81미터, 당척唐尺으로 계산하면 66.7미터라고 하더라고요. 어느 것이 맞는지는 저야 잘 모르지만 81미터이든 66.7미터이든 신라 왕경 내의 어떤 탑보다 월등하게 높은 탑이고, 세계적 차원에서 봐도 목탑으로는 최고 수준이 아닐까 합니다. 당시 신라에서 이런 황룡사 구층 목탑을 만든다는 게 쉽지 않은 대공사였을텐데, 왜 만드신 건지 여쭌 겁니다.

선덕여왕 궁금 씨가 잘 정리해 주셨네요. 그렇게 어려운 대공사를 진행한다는 것은 분명 어떤 목적이 있을 수밖에 없었겠죠? 진흥왕 임금님께서 고구려와 백제에 대해 공세적으로 영토를 넓히자 고구려와 백제가 연합해서 반격해 오기 시작했습니다. 이에 저의 아버지인 진평왕(재위 579~632년) 임금님께서는 최선을 다해 훌륭하게 방어하셨죠. 그런데 제가 임금이 되자 고구려와 백제의 연합 공격이 더욱 거세졌고, 특히 백제는 제가 즉위한 11년째가 되는 642년에 우리 신라의 서부 40여 성을 함락시키기도 했습니다. 우리 신라로서도 최선을 다해 방어했지만 역부족이었죠. 이를 극복하기 위해 문무왕의 아버지이자 저의 육촌인 김춘추를 고구려와 당나라에 보내 연합을 맺어 백제의 공격을 이겨 내고자 부단히 노력했습니다. 이렇게 어려운 국난의 시기가 되자 나에 대한 모함이 다시 고개를 들기 시작하더라고요.

시리 임금님께서 신라 최초의 여왕으로 등극하셨던 그 이야기 말씀인가요?

선덕여왕 맞아요. 여왕은 아무리 덕이 있더라도 위엄이 없어서 나라를 다스릴 수 없다는 남녀 차별적인 생각이요. 그걸 극복하기 위해 분황사와 영묘사를 세우는 등 각고의 노력을 기울였는데요. 하지만 나라가 어려워지자 스멀스멀 기어 나오더라고요. 결국엔 647년 1월에 제가 임명했던 상대등 비담이 염종과 함께 "여자 임금은 나라를 잘 다스릴 수 없다!"는 기치를 내걸고 반란을 일으켰고, 저는 그 소식에 큰 충격을 받아서 하늘나라로 떠나 버리고 말았습니다.

시리 모든 인간이 법적으로 평등한 대한민국의 민주주의 사회에서도 아직 남녀 차별적인 관념이나 관행이 남아 있는데요. 임금님께서 충격을 받아서 하늘나라로 떠나셨을 정도라니까 그 시절에는 얼마나 심했을지 지금의 우리들은 상상조차 할 수 없네요. 그렇다면 임금님, 거대한 황룡사 구층 목탑의 건설도 그런 분위기를 잠재우기 위한 목적에서 이뤄진 것으로 봐도 되겠네요.

선덕여왕 예. 그렇게 '봐도 되겠네'가 아니라 그렇게 '봐야' 합니다. 마침 당나라에 유학을 갔던 자장법사가 12년 만인 643년 3월에 당나라의 황제가 보낸 경전과 불상 등을 갖고 귀국을 했습니다. 그래서 저는 자장법사를 불러 당시의 국내외적인 위기 상황에 대한 해법을 요청했지요. 그랬더니 자장법사가 우리 신라가 지금은 백제의 공격에 큰 어려움을 겪고 있지만 결국에는 임금님이 주도해서 백제를 포함한 아홉 개의 나라가 조공을 바치러 오게 만드는 중심국가로 우뚝 설 것이라는 강한 희망을 귀족과 백성들에게 불어넣을 필요가 있다고 말하더라고요. 그래서 제가 그런 희망을 불어넣는 최고의 방법이 무엇이냐고 물었더니, 우리 신라 최대의 사찰인 황룡사 안에 언젠가는 아홉 개의 나라가 조공을 바치러 올 것이라는 상징성을 담은 거대한 탑을 만들어서 임금의 강한 의지를 국내외에 보여 줄 필요가 있다는 조언을 해 줬어요. 자장법사의 제안을 신하들과 함께 논의했고, 643년에 확실하게 내 편이었던 이찬이자 육촌인 김용춘金龍春을 책임자로 임명했습니다. 그리고는 백제에서 건축 전문가 아비지阿鼻旨를 초청해서 200명의 장인을 데리고 2년의 공사 끝에 645년 3월에 탑을 완공했습니다.

궁금　그 높고 큰 탑을 만드는 데 2년밖에 안 걸렸다고요?

선덕여왕　왜요? 너무 짧게 걸렸나요?

황룡사 구층 목탑 복원도

궁금   예. 제 생각에는 그런 것 같습니다.

선덕여왕 2년이라는 시간이 얼마나 짧은 건지는 잘 모르겠지만
      당시의 국내외적 상황이 거대한 황룡사 구층 목탑을
      최대한 빨리 완공하지 않으면 안 될 정도로 급박했던
      건 사실입니다. 황룡사 구층 목탑의 기공식이 열리던
      날, 저뿐만 아니라 김용춘과 그의 아들 김춘추, 동생을
      김춘추와 결혼시켰던 김유신 등 저를 지지했던 신하들
      이 감격스러워하던 모습이 지금도 생생합니다. 하지만
      거대한 황룡사 구층 목탑의 건설을 통해 여왕이라는
      단점을 극복하고 국내외의 위기 상황을 타개하려던 목
      표는 쉽게 이뤄지지 않았습니다. 이미 앞에서 이야기했
      듯이 그로부터 2년도 안 된 647년 1월에 상대등 비담이
      염종과 함께 반란을 일으켰고, 저는 그 충격으로 하늘
      나라로 떠나버리고 말았잖아요.

시리   너무 아쉽네요. 황룡사 구층 목탑을 건설한 소기의 목
      적이 달성되었더라면 좋았을 텐데 말입니다.

선덕여왕 안시리 아나운서가 아쉬워해 주니까 저로서는 고맙고
      다행입니다. 다만 목표를 100퍼센트 달성하지 못했지
      만 50퍼센트 정도는 달성했습니다.

시리　예? 50퍼센트 정도는 달성했다고요? 그게 무슨 말씀인
지…….

선덕여왕　비담과 염종 등 반란 세력들은 단지 제가 여왕이었기
때문에 반란을 일으킨 것이 아닙니다. 그들은 저와 저
를 따르는 신하들이 추구했던 국내외적인 정책에 반대
해 제가 여왕이라는 점을 핑계로 반란을 일으킨 겁니
다. 저는 하늘나라로 떠났지만, 다행히 저를 따랐던 김
춘추와 김유신 등의 신하들이 군사적 열세 속에서도
비담과 염종의 반란을 완전히 진압했는데요. 2년 동안
인적 물적 자원을 집중시켰던 거대한 황룡사 구층 목
탑의 건설이 그들을 하나로 단단하게 묶어 주는 데 큰
역할을 했다고 봅니다. 그래서 소기의 목표를 50퍼센
트 정도는 달성했다고 말한 겁니다.

감은사의 건설, 탑이 작아지다

시리　아, 그런 의미였군요. 그나마 다행입니다. 이제, 우리
제작팀이 선덕여왕 임금님께 부탁드린 주제에 대해서
는 다 들은 것 같은데요. 임금님 어떠신가요?

선덕여왕 저도 그렇게 생각합니다. 물론 이왕 내려온 이승이니 오늘 주제 이외에도 제가 보고 겪은 우리 신라의 다른 이야기를 더 하고 싶은 마음 굴뚝같습니다만, 시간도 절반을 넘어선 것 같으니 이제부터는 문무왕 임금님께 마이크를 넘기도록 하겠습니다.

시리 임금님, 이해해 주셔서 감사합니다. 그럼 이제부터는 문무왕 임금님께 질문을 드리도록 하겠는데요. 여기서도 첫 질문은 궁금 씨가 하도록 하겠습니다.

궁금 문무왕 임금님께서는 당나라와 연합해 백제를 멸망시킨 아버지 태종 무열왕 임금님의 유지를 받들어 고구려를 멸망시키고 나당전쟁을 승리로 이끄신 분이라는 걸 잘 알고 있습니다. 그런데 오늘은 그런 전쟁 이야기가 아니라 사천왕사, 망덕사, 감은사 등에 대해 말씀해 주시기로 했는데요. 왜 많은 것들 중에서 사찰인가요?

문무왕 하하하! 그건 당연히 제작팀에서 저에게 부탁한 것이기 때문이죠. 저도 제작팀의 부탁을 들었을 때 왜 하필 사찰 이야기냐고 물었는데요. 감은사탑이 작아지게 된 배경을 듣고 싶어서라고 대답하더라고요. 그때서야 우리 신라에서 작은 탑을 만든 첫 사례가 감은사탑이었다는 걸 알았죠. 이후 작은 탑이 유행하면서 우리 신라의 많은 사찰로 퍼져 나갔고, 고려를 거쳐 조선에 이르기까지 문화유전자로 기능하면서 세계에서 유례를 찾아보기 힘든 작은 탑의 나라를 만들었더라고요.

궁금 예? 저도 감은사 터를 두 번 가 봤는데요. 두 개의 거대한 감은사 삼층 석탑을 보고 많이 놀란 기억이 있습니다. 그런데 그 감은사 삼층 석탑이 작은 탑이라고요? 이해가 잘 되질 않습니다.

문무왕 하하하! 하늘나라에서도 감은사 삼층 석탑을 직접 본 사람들을 많이 만났는데, 다들 궁금 씨처럼 말하더라고요. 그래서 오히려 제가 놀랐죠. 그 이야기는 뒤쪽에서 자세하게 이야기해 드릴 건데요. 우선 제작팀에서 요청한 사천왕사와 망덕사부터 짧게나마 말씀드려야 할 것 같습니다.

시리 임금님, 저도 감은사 삼층 석탑을 두 번 본 적이 있는데요. 궁금 씨와 똑같이 거대하다고 느꼈습니다. 그런데 그게 아니라고 하시니까 솔직히 저도 많이 놀랐습니다만 뒤쪽에서 자세하게 이야기해 주신다니까 기다려 보도록 하겠습니다. 그러면 사천왕사와 망덕사 이야기부터 부탁드리겠습니다.

문무왕 사천왕사와 망덕사를 만들게 된 이야기는 꽤 유명해서 많은 사람이 알고 있을 텐데요. 짧게 정리해 보겠습니다. 우리 신라가 당나라와 전쟁을 시작한 초창기인 670 년과 671년 두 번에 걸쳐 낭산 남쪽의 신유림神遊林에 비단으로 임시 사찰을 만들고 명랑법사가 문두루 비법을 지어 읊으니 당나라의 함대가 큰 풍랑을 만나 모두 침몰했지요. 이에 정식 사찰로 만들기 시작해서 제가 죽기 1년 전인 679년에 사천왕사가 완공되었습니다. 당나라의 고종 황제가 옥에 가뒀던 신라 사신 박문준을 불러 신라군이 당나라군을 두 번이나 물리친 비법이 있느냐고 물었고, 박문준은 비법은 모르겠지만 낭산 남쪽에 사천왕사를 만들어 고종 황제의 만수무강을 축원하는 법회를 계속 열어 왔다고 말했습니다. 고종 황제는 사신을 보내 이 사실을 확인하게 했고, 우리 신라에서는 당나라의 함대를 침몰시키도록 만든 사천왕사를 보여 주기 싫어서 그 남쪽에 새 절을 만들어 거짓으로 사천왕사라 소개했습니다. 하지만 당나라의 사신이 거짓이라는 것을 알아차렸어요. 그래서 금 천 냥의 뇌물을

사천왕사 터(위쪽), 망덕사 터(아래쪽)

주고 당나라에 돌아가 신라에서 사천왕사를 만들어 고
종 황제의 만수무강을 축원하는 법회를 계속 열고 있
다고 말하게 해서 위기를 넘길 수 있었습니다. 거짓으
로 만든 사찰을 나중에 망덕사望德寺라 이름 붙이고, 제가 죽은 다음 해인 685년에 정식으로 완공했습니다.

시리 사천왕사가 우리나라 호국사찰護國寺刹의 효시 중의 하나로 유명하다는 이야기를 저도 들었는데요. 솔직히 임금님께서 이야기해 주신 것보다 훨씬 더 생동감이 있더라고요.

문무왕 하하하! 제가 이야기를 무미건조하게 하나요?

시리 좀 그렇긴 합니다.

문무왕 생동감 있게 말씀드리면 그 이야기에 너무 집중할 것 같아서 요점만 말했습니다. 제작팀에서 저에게 사천왕사와 망덕사를 이야기해 달라고 한 취지를 물어봤는데요. 호국사찰이 아니라 두 사찰에 있는 쌍탑 이야기를 해 달라는 것이었습니다. 그래서 왜 하필 쌍탑 이야기냐고 그랬더니…….

궁금 그랬더니 뭐라고 하던가요?

문무왕 괜히 뜸 들였군요. 제작팀에서 쌍탑이 얼마나 높았는지 그 이야기를 해 달라는 겁니다. 아~ 그때 알았습니다. 제작팀에서 저에게 사천왕사와 망덕사, 그리고 감은사를 이야기해 달라는 요청이 세 사찰에 있는 탑의 높이 변화가 갖고 있는 시대적 의미를 시청자들께 알려 드리고 싶어서였다는 것을요.

시리 그렇다면 사천왕사와 망덕사에 있는 쌍탑의 높이는 어느 정도였나요? 임금님은 알고 계시죠?

문무왕 저야 당연히 알고 있죠. 하지만 이것도 하늘나라의 허가 조건과 관련되어 있어서 정확하게 말할 수는 없지만, 경향성에 대해서만 설명드리겠습니다. 『삼국사기』에는 망덕사의 쌍탑이 십삼 층이라고 기록되어 있는데요. 경주시 안강읍에 있는 정혜사지 십삼층 석탑의 모습을 참조해 높이가 24미터였다고 추정한 연구자가 있더라고요. 아마 24미터는 망덕사의 쌍탑 높이로는 최소 추정치라고 보면 될 것 같습니다. 사천왕사의 쌍탑도 목탑인데, 망덕사의 쌍탑 높이와 거의 비슷하거나 약간 더 높았을 겁니다.

시리 황룡사의 구층탑도 목탑이고, 사천왕사의 쌍탑과 망덕사의 쌍탑도 목탑이었으니까, 음…… 분황사의 모전석탑을 제외하면 이 시기에 만든 탑 대부분이 목탑이었다고 봐도 무방할까요?

문무왕 예, 그렇게 보면 맞습니다. 그리고 지금까지 전해져서 현재의 여러분이 볼 수 있는 탑들과 비교해 보면 목탑은 훨씬 높고 거대했습니다. 분황사의 모전석탑도 거대했으니까 사천왕사와 망덕사의 쌍탑이 만들어질 때까지 우리 신라의 왕경에는 거대한 탑을 만드는 것이 일반적인 경향이었다고 보면 됩니다. 그런데 감은사의 쌍탑에서 갑자기 작은 탑이 등장한 겁니다.

시리 그런데 임금님, 아까 궁금 씨나 저나 감은사의 삼층 석탑을 직접 가서 봤을 때 거대하다는 느낌이 들었다고 했는데요. 이건 어떻게 설명할 수 있나요?

문무왕 그 느낌은 제가 봐도 틀리지 않습니다. 다만 그 느낌을 설명하기 전에 실제 높이를 알아야 한다고 말씀드렸는데요. 감은사 삼층 석탑의 총 높이는 13.4미터입니다.

궁금 예? 그것밖에 안 되나요?

문무왕 궁금 씨, 놀라셨나요? 사실 인터넷에서 검색하면 금방 나오는 높이이고, 감은사 삼층 석탑 앞의 안내문에도 기록되어 있긴 합니다.

궁금 저도 당연히 높이 기록을 보긴 봤을 텐데, 워낙 거대하다고 느껴져서 그런지 13.4미터라는 높이의 수치가 머릿속에 확실하게 입력되지 못했던 것 같습니다. 황룡사 구층 목탑은 말할 필요도 없고 사천왕사나 망덕사

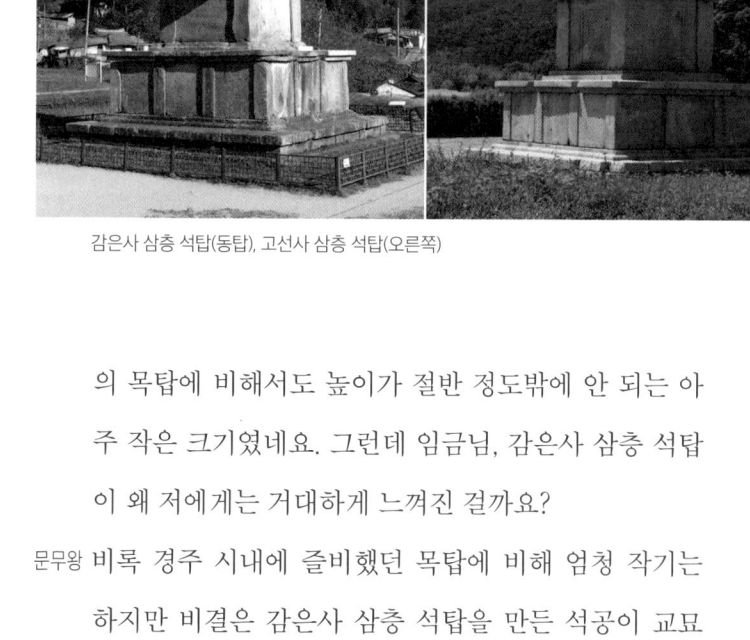

감은사 삼층 석탑(동탑), 고선사 삼층 석탑(오른쪽)

　　의 목탑에 비해서도 높이가 절반 정도밖에 안 되는 아

　　주 작은 크기였네요. 그런데 임금님, 감은사 삼층 석탑

　　이 왜 저에게는 거대하게 느껴진 걸까요?

문무왕　비록 경주 시내에 즐비했던 목탑에 비해 엄청 작기는

　　하지만 비결은 감은사 삼층 석탑을 만든 석공이 교묘

　　한 솜씨를 발휘해서 작게 느껴지지 않도록 만들었기

때문이에요.

궁금 교묘한 솜씨요? 그 석공이 마법을 걸기라도 했다는 건
가요?

문무왕 하하하! 그럴 리는 없죠. 제30대 임금으로서 저는 고구
려를 멸망시키고 나당전쟁까지 승리로 이끌었기 때문
에 제가 상당히 큰 만족감을 갖고 말년을 보냈을 것이
라고 여기는 사람들이 많을 겁니다. 하지만 결코 그렇
지 않았습니다. 제가 하늘나라로 떠날 때가 가까워지니
까 백제, 고구려, 당나라와 20여 년의 긴 전쟁에서 죽어
간 우리 신라의 수많은 장군과 병사들이 자꾸 꿈속에
나타나는 거예요. 그리고는 급기야 우리 신라군이 무찌
른 백제와 고구려, 당나라의 장군과 병사들까지도 나오
더라고요. 와~ 이걸 어쩌나 싶었죠. 불쌍하고 미안해
서 마음이 안정되지 않더라고요. 그렇다고 신하들에게
저의 상황을 있는 그대로 보여 줄 수도 없었어요. 그랬
다가는 나라 꼴이 엉망이 될 수도 있잖아요. 인생이 참
무상해지더라고요. 그때부터 임금이 아니라 한 개인으
로서 부처님께 완벽하게 귀의하게 되었습니다. 말년에
휘황찬란한 우리 신라의 왕경을 떠나 조용히 부처님을

매일 만나 참회하면서 살고 싶은 절을 만들고자 했는데요. 그게 바로 감은사였어요. 비록 내가 살아 있을 때 완공하지는 못했지만 감은사의 터와 구조와 규모는 다 제가 결정한 겁니다. 당시 인생무상을 처절하게 느끼고 있던 저였기 때문에 감은사를 만들 때 꼭 지키고 싶었던 것은 소박함이었습니다. 그리고 그것을 건축물에 구현하고 싶어서 대웅전을 비롯한 건물은 되도록 낮고 화려하지 않게, 탑도 작고 소박하게 만들도록 했습니다. 그랬더니 석공이 여러분들이 직접 가서 본 감은사 삼층 석탑을 만든 거예요. 그 교묘한 솜씨가 참 대단하더라고요. 경주 시내의 높고 웅장한 탑들과 비교해 보면 분명히 작고 소박하지만, 결코 작고 소박하게 느껴지도록 만들지는 않았으니까요. 제가 교묘한 솜씨라고 말했던 점이 바로 이것인데요. 그 석공은 저의 명령을 듣고 나서 아마 머리가 터지도록 아팠을 겁니다. 엄청나게 고민하지 않으면 안 되었을 테니까요.

시리 무슨 말씀인지 조금은 이해할 것 같습니다. 임금님은 탑을 작고 소박하게 만들라고 명했지만, 경주 시내에 즐비했던 높고 크며 화려한 목탑들을 늘 보면서 살았던 신하와 백성들은 그런 탑을 원하지는 않았을 것 같아요. 그들에게 문무왕 임금님은 고구려를 멸망시키고 나당전쟁까지 승리로 이끌어 20여 년간의 지루하고 비참한 전쟁을 완전히 끝내고 평화를 가져다준 위대한 임금님이셨을 테니까요. 그러니 석공의 입장에서는 임금님의 말씀을 따라서 작고 소박하게 만들지 않으면 안 되었고, 더불어 신하와 백성들에게는 결코 작고 소박하게 보여서는 안 되는 탑을 만들어야 했을 것 같습니다. 그러니 머리가 터지도록 아팠을 것 같은데요. 제 추론이 맞나요?

문무왕 안시리 아나운서 대단하네요. 정확하게 맞히셨습니다.

시리 그러면 임금님, 그 석공은 그걸 어떻게 해결했나요?

문무왕 음…… 저도 어떻게 해결해 나갈지 궁금해서 수시로 불러서 물어봤는데요. 먼저 나무가 아니라 돌을 택하더라고요. 그것도 화강암으로요. 탑을 작게 만들 때 나무를 쓰면, 재질상 웅장하지도 육중해 보이지도 않습니다. 그냥 작고 초라해 보일 뿐이죠. 그래서 돌, 그중에서도 우리나라의 산야 여기저기서 가장 많이 볼 수 있는 화강암을 택한 건데요. 화강암은 아무리 깔끔하게 다듬어도 반들반들한 대리석 같은 것보다 훨씬 거칠어 보이잖아요. 그게 작지만 웅장하고 육중해 보이게 만든 첫 번째 출발이었습니다.

시리 무슨 말씀인지 알겠습니다. 그런데 화강암을 사용한 석탑은 우리나라에 엄청 많은데요. 그렇다고 웅장하고 육중해 보이는 석탑은 별로 없더라고요.

문무왕 그 말에도 동의합니다. 감은사 삼층 석탑과 그 직후에 이 석탑을 모델로 만든 고선사지 삼층 석탑을 제외하면 웅장하고 육중해 보이는 탑이 거의 없으니까요. 돌로 만들었으면서도 웅장하지도 육중해 보이지도 않는 이후의 탑들과 감은사 삼층 석탑을 비교해 보면 감은사 삼층 석탑이 왜 웅장하고 육중해 보이는지 쉽게 알 수 있습니다. 말로 하면 감이 잘 오지 않을 테니까 웅장하지도 육중해 보이지도 않는 대표적인 석탑인 불국사 석가탑과 감은사 삼층 석탑을 비교해 보도록 하겠습니다. 자 다음의 사진을 보시죠.

궁금 와~ 두 석탑을 비교해 보니까 석가탑은 진짜 늘씬해 보이고 감은사 삼층 석탑은 진짜 웅장하고 육중해 보이는데요?

불국사 석가탑(왼쪽), 감은사 삼층 석탑(서탑)

문무왕 그렇죠? 둘 다 삼층 석탑임에도 왜 이렇게 다르게 보일

까요? 아주 간단해요. 만약 키가 180센티미터로 같은

두 사람 중에서 한 사람은 몸무게가 70킬로그램이고

다른 한 사람은 90킬로그램이라고 가정해 보세요. 두

사람이 나란히 섰을 때 어떤 느낌이겠어요? 70킬로그

램의 사람은 상대적으로 늘씬해 보이고, 90킬로그램의

사람은 상대적으로 육중해 보이지 않을까요? 석가탑과

감은사 삼층 석탑이 주는 느낌 차이가 바로 그런 겁니다. 높이와 가로의 비율로 따져 보면 석가탑에 비해 감은사 삼층 석탑의 가로 비율이 훨씬 더 높잖아요.

궁금 임금님의 설명을 들으니 쉽게 이해가 가네요. 그러면 석가탑은 왜 저렇게 늘씬하게 만든 건가요?

문무왕 하하하! 그건 나중에 말씀드릴게요. 웅장하고 육중한 석탑에서 늘씬한 석탑으로의 변화는 아주 중요하기 때문에 설명이 좀 길어질 것 같거든요. 일단 감은사 삼층 석탑 문제부터 해결할게요. 저의 명을 받은 석공은 당시 경주 시내에 즐비했던 목탑을 보고 자란 사람이기 때문에 당연히 목탑을 모방해서 석탑을 만들었어요. 그래서 감은사 삼층 석탑은 돌로 만들었지만, 모습은 목탑처럼 기단과 각 층의 몸돌에 기둥(우주隅柱와 지주撑柱)을 새기고 그 위에 지붕과 처마(옥개석屋蓋石)를 만들어 덮었습니다. 그래서 이후의 석탑들도 모두 목탑을 모방하게 된 건데요. 기둥 사이에 문이나 불상을 새기고 기단에 눈 모양(안상眼象)의 그림을 새겨 넣는 등의 석탑도 있었습니다.

시리 저도 그런 석탑을 본 적이 있는데요. 어쨌든 그 석공의 교묘한 솜씨 덕분에 목탑에 비해 훨씬 작으면서도 웅장하고 육중한 석탑을 만날 수 있는 것은 우리나라 역사의 자랑이라고 봅니다.

하늘-산-감은사의 3단계 풍경

문무왕 안시리 아나운서의 표현이 좋습니다. 다른 나라에서는 볼 수 없는, 작지만 웅장하고 육중한 석탑을 대한민국의 자랑거리 중 하나로 봐 주시니 그것을 만든 신라 제30대 임금으로서 정말 감사하게 생각합니다. 이제부터 화제를 돌리면, 감은사 터에 있는 두 개의 감은사 삼층석탑이 웅장하고 육중하게 보이지 않을 때도 있다는 말씀을 드리고 싶습니다.

시리 예? 그건 또 무슨 말씀인가요? 웅장하고 육중하게 보이던 석탑이 갑자기 작아지기라도 한 건가요?

문무왕 갑자기 작아질 리가 있나요. 그럴 리가 없죠. 하지만 작아지지는 않지만 상대적으로 작게 보일 수는 있습니다.

시리 상대적으로 작게 보일 수 있다고요? '상대적으로'라는 표현을 쓰신 걸 보면 뭔가 더 큰 것과 비교해서 봤을 때를 상정하시는 것 같은데요?

문무왕 예, 정확하게 맞습니다. 여러분들이 감은사 삼층 석탑이 웅장하고 육중하게 보였다고 한 것은 바로 앞에 가서 봤을 때의 느낌이잖아요. 하지만 조금 떨어져서 보면 결코 웅장하고 육중하게 보이지 않을 수도 있다는 것을 상상하실 수 있나요?

궁금 임금님, 그건 당연한 것 아닌가요?

문무왕 하하하! 꼭 당연하다고 단정 지을 수는 없습니다. 만약 조금 떨어져서 봤는데, 더 작은 것과 함께 보인다면 상대적으로 웅장하고 육중하게 보일 것이잖아요. 조금 떨어져서 봤을 때 작게 보이려면 상대적으로 더 크고 웅장한 것과 함께 있으면 되는데, 지금 감은사 삼층 석탑이 그렇게 되어 있습니다. 궁금 씨, 두 번이나 직접 가서 봤다고 했잖아요. 그게 뭔지 생각해 볼 수 있겠어요?

궁금 음…… 실제보다 높게 터를 쌓아 올렸고, 그 위에 회랑과 대웅전, 두 개의 삼층 석탑, 강당 등을 지었다고 알고 있습니다. 만약 이런 건축물이 다 있던 시절에 두 개의 삼층 석탑을 봤다면 지금보다는 웅장하고 육중하게 보이기가 쉽지 않았을 것 같은데요. 혹시 맞나요?

감은사 모형도(롯데월드 민속박물관 소재)

문무왕 그건 아닐 것 같습니다. 여러분들에게 두 개의 감은사 삼층 석탑이 웅장하고 육중하게 보인 것은 가까이 가서 봤기 때문이잖아요. 만약 회랑이 있던 시절이라면 밖에서 봤을 때 두 개의 삼층 석탑은 꼭대기만 보였을 거예요. 정면의 높은 계단을 올라가 회랑 안으로 들어가야 두 개의 삼층 석탑 전체를 볼 수 있었습니다. 이렇게 회랑 안에서 볼 때의 느낌은 지금 여러분들이 가까이 가서 볼 때의 느낌, 즉 웅장하고 육중한 느낌과 다르지 않았을 겁니다. 다만 지금은 회랑, 대웅전, 강당 등의 건축물이 모두 사라지고 주춧돌만 남아 있어서 조

금 떨어진 정면에서 바라보면 바로 뒤에 산이 있기 때
문에 두 개의 삼층석이 별로 크게 보이지 않는 풍경을
만날 수 있을 겁니다. 위 사진을 한번 보시죠. 정면에서
바라보면 뒤쪽에 산이 있고, 그 아래 두 개의 감은사 삼
층 석탑이 있어요. 궁금 씨, 느낌이 어떤가요?

궁금 제가 두 번이나 가 봤지만 저런 식으로 바라보지는 않
았는데요. 두 개의 감은사 삼층 석탑이 확실히 웅장하
게도 육중하게도 보이지는 않습니다. 다시 한번 가서
저런 식으로 바라봐야 할 것 같네요.

문무왕 그렇게 보이시죠? 다만 감은사의 모든 건물이 있었을
때는 정면에서 바라봐도 두 개의 삼층 석탑은 꼭대기

만 보였다고 했잖아요. 제가 여기서 말하고 싶은 핵심은 탑이든, 대웅전이든, 회랑이든 감은사의 건축물들을 정면에서 바라보면 뒤쪽의 산 때문에 상대적으로 높지도 크지도 웅장하지도 않게 보였다는 겁니다. 이런 감은사의 모습을 전에 어디서 본 것 같지 않나요?

시리 서울의 경궁복과 창덕궁 등에서 나타났던 하늘-산-궁궐, 진흥왕 임금님의 무덤에서 나타났던 하늘-산-무덤의 3단계 풍경과 같아요! 그러면 감은사도 하늘-산-사찰의 3단계 풍경을 의도적으로 만들어 낸 건가요?

문무왕 예. 정확히 짚었습니다. 위의 지도를 한번 보시죠.

감은사 뒤쪽의 산줄기는 서북-동남 방향이고, 감은사

는 이 방향과 직각으로 꺾여 동북-서남 방향입니다. 이런 직각 방향은 산을 감은사 뒤쪽으로 정확하게 등지게 하기 위해서 제가 의도적으로 잡은 겁니다.

궁금 임금님, 왜 그렇게 의도적으로 잡으셨는지 무척 궁금합니다.

문무왕 하하하! 이미 앞에서 다 말씀드렸듯이 말년에 임금이 아니라 한 개인으로서 부처님께 완벽하게 귀의하려 했지요. 그래서 왕경을 떠나 조용히 참회하면서 살고 싶은 소박한 절을 만들고자 했습니다.

시리 이제 확실히 알 것 같습니다. 개인으로서는 소박한 절을 만들고 싶었지만 신라의 임금이 머무는 사찰은 권위가 있어야 하기 때문에 소박하게 보여서는 안 된다… 그때 건축물 자체는 소박하면서도 전체적인 풍경은 소박하게 보이지 않는 방법을 생각하게 되었고, 법흥왕 임금님께서 하늘나라로 떠나가면서 남겨 놓은 무덤의 개혁 정책을 떠올리게 되었다… 혹시 이것 아닌가요?

문무왕 맞아요. 이번에도 안시리 아나운서가 정확하게 맞혔습니다. 법흥왕 임금님께서 하늘나라로 떠나시며 실행하셨던 무덤의 개혁 정책이 성공을 거둬 경주 시내에 있는 초대형의 돌무지덧널무덤은 더 이상 만들어지지 않았잖아요. 제가 말년에 인생무상을 느끼면서 저만을 위한 소박한 사찰을 만들어 머무르려고 할 때 떠오른 것이 바로 그거였어요. 아~ 사찰에도 무덤에 적용시킨 하늘-산-건축물의 3단계 풍경을 적용시키면 건축물 자체는 소박하면서도 전체 풍경은 그리 소박하지 않게 보이는 그런 사찰을 지을 수 있겠구나 싶었죠. 탑도 그런 구상 속에 있었고요. 석공이 저의 이런 명을 받아 머리가 터지도록 고민하면서 만든 탑이 지금도 여러분들이 직접 볼 수 있는 두 개의 감은사 삼층 석탑입니다.

시리 하늘-산-감은사의 3단계 풍경은 신라에서 법흥왕 임금님의 무덤을 통해 발생한 풍수가 무덤을 넘어 사찰로까지 확산되기 시작했다는 의미인 것 같은데요. 음…… 앞으로 더 흥미진진한 이야기가 남은 것 같습니다만 이제 끝내야 할 시간이 되어 버렸습니다. 임금님, 혹시 한 번 더 출연해 주실 수 있나요?

문무왕 한 번 더요? 음…… 그러죠 뭐. 저도 할 이야기가 더 남아 있습니다. 만약 이번이 마지막 시간이었다면 불국사의 석가탑 이야기를 제가 해 드리려고 했지만 한 번 더 하기로 했으니까 그것을 만든 재상 김대성을 초대해서 직접 들으면 더 좋겠다는 생각이 듭니다. 석가탑 이야기는 좀 부담스러웠는데 잘 되었습니다.

시리 예, 알겠습니다. 제작팀에게 최대한 빨리 재상 김대성 선생님을 수소문해 우리 프로그램에 초대할 수 있도록 하겠습니다. 그럼 오늘은 이만 마칠까 하는데요. 문무왕 임금님께서는 다음번에도 출연하시지만 선덕여왕 임금님께서는 오늘이 마지막 출연이십니다. 임금님, 우리 '역사 인물 환생 인터뷰'에 출연하신 소감을 간략하게 말씀해 주시면 감사하겠습니다.

선덕여왕 문무왕 임금님께서 다음번에도 출연하신다는 말을 들으니까 저도 한 번 더 출연하면 좋겠다는 이상한 욕심이 생기네요. 하지만 저에게 주어진 주제에 대해서는 다 이야기했으니까 더 이상의 욕심을 부리면 안 되겠죠? 아무튼 1,300여 년 만에 이승 구경을 한 것만으로도 저에게는 큰 영광이었고요. 제가 만들었던 분황사, 영묘사, 황룡사 구층 목탑에 대해 실컷 말씀드릴 수 있어서 감사한 마음입니다. 다음번에 문무왕 임금님과 재상 김대성 선생이 우리 신라의 이야기를 잘 마무리 하기를 바라고요. 1~2주 동안 남은 이승 구경 잘 하고 하늘나라에 무사히 귀환하도록 하겠습니다.

시리 이왕 어렵게 이승에 환생하신 것, 우리도 선덕여왕 임금님께 더 많은 이야기를 들을 수 있으면 좋겠다는 생각입니다. 다만 주제가 주제인지라 언젠가 다른 주제로 다시 만나 뵐 수 있기를 기대하면서 이만 보내 드리는 것이 도리인 것 같습니다. 오늘 선덕여왕 임금님과 문무왕 임금님의 흥미진진한 이야기 감사드리고요. 다음 번에는 문무왕 임금님과 재상 김대성 선생님을 모시고 신라 마지막 편을 멋지게 장식하도록 하겠습니다. 늦은 밤까지 시청해 주신 시청자 여러분, 궁금 씨와 청중 열 분께도 깊은 감사를 드리며, '역사 인물 환생 인터뷰' 신라 편 네 번째 시간을 마치도록 하겠습니다. 즐거운 주말 되십시오.

풍수사찰의 확산, 신라의 전형적인 삼층 석탑이 만들어지다

시리 안녕하세요. 역사 방송 아나운서 안시리, 인사드립니다. 원래는 지난 4부를 끝으로 신라 편을 마치려고 했지만 문무왕 임금님께서 1회를 더 출연해서 남은 이야기를 해 주시기로 하셨습니다. 더불어 이왕 1회를 더 하게 된 것, 신라에서 가장 아름다운 삼층 석탑으로 알려진 불국사의 석가탑에 대해 이야기 나눠 보도록 하겠습니다. 석가탑을 만드신 재상 김대성 선생님을 모시고 직접 들어 보는 시간을 가질 건데요. 하늘나라에 김대성 선생님의 환생 출연을 허락받는 데 일주일이 걸렸기 때문에 2주 만에 어렵게 신라 편 5회 방송을 하게 되었습니다. 이제 문무왕 임금님과 김대성 선생님을 모시도록 하겠습니다. 어서 오십시오. 큰 박수 부탁드립니다.

문무왕 안녕하세요. 두 번째 출연하게 된 신라의 제30대 임금 문무왕 인사드립니다. 오늘은 약속드린 대로 재상 김대성 선생과 함께 출연할 수 있게 되어서 다행입니다. 자, 인사하시죠.

김대성 안녕하세요. 갑자기 출연 섭외를 받아서 정말 놀랐는데요. 하늘나라에서 환생 출연에 필요한 수속을 빠르게 밟아 주셨기에 이렇게 '역사 인물 환생 인터뷰' 신라 편에 출연할 수 있게 되었습니다. 하늘나라 사무국에 감사드리고, 저를 섭외해 주신 제작팀에게도 감사드립니다. 갑작스러운 환생 출연의 영광을 얻은 만큼 저에게 주어진 불국사와 석가탑에 대해 새로운 이야기를 해 드리고 하늘나라로 복귀하도록 하겠습니다.

월지정원, 조선에선 볼 수 없는 최고 수준의 인공 정원

시리   그럼 지난번에 이어서 문무왕 임금님의 이야기를 들어 보기로 하겠습니다. 오늘도 첫 질문은 궁금 씨 담당인데요. 어떤 질문 준비하셨나요?

궁금   임금님, 지난번 4부 때 감은사 삼층 석탑이 경주 시내의 거대한 목탑들에 비하면 엄청 작으면서도 가까이 가서 보면 웅장하고 육중하게 느껴지는 이유, 아무리 그래도 거대한 목탑들에 비하면 훨씬 작게 만든 이유에 대해 매우 흥미로운 이야기를 해 주셨는데요. 그게 다 말년에 인생무상을 느껴 소박한 사찰을 지어 부처님께 귀의하고자 했던 임금님의 소망 때문이라고 말씀해 주셨습니다. 좀 엉뚱한 질문 같은데요. 임금님께서 돌아가셨을 때 유언에 따라 감은사에서 동남쪽으로 약 1킬로미터 떨어진 대왕바위(大王石)에서 장례를 치렀다고 들었습니다. 왜 그러셨던 건가요?

문무왕 지난번에 감은사 부분에서 말씀드렸듯이 인생무상을 크게 느꼈기 때문입니다. 재물을 써서 무덤을 만들어 봐야 역사서에 꾸짖음만 있을 뿐이고, 제사다 뭐다 후손들을 수고롭게 해 봐야 죽은 사람의 넋을 구원하는 것도 아니잖아요. 그래서 제가 죽으면 부처님의 고향인 인도의 의식을 따라 화장을 하고 유골을 수습해서 감은사 곁 동해의 대왕바위에 검소하게 뿌리라는 유언을 남겼습니다.

궁금 무덤의 크기를 작게 하라도 아니고 아예 화장을 해서 바닷가에 뿌리라고 하셨다고요? 와~ 이 또한 대단한 혁신 아닌가요?

문무왕 혁신이라기보다는 제가 저만 생각해서 후손들에게 몹쓸 짓을 한 거죠. 옛날 임금의 무덤은 단지 죽은 사람의 무덤만을 의미했던 것은 아니잖아요. 선대 임금에 대한 제사는 그 형식을 통해 현세 임금의 정당성을 각인

문무대왕릉

시키는 현장이었죠. 그런데 그럴 수 있는 무덤을 남겨 주지 않았으니……. 하지만 말년에 느낀 인생무상의 무게가 너무 무거웠기에 어쩔 수가 없었어요. 그리고 고맙게도 아들 신문왕이 저의 유언을 잘 따라 줬습니다.

시리 우리들은 대부분 감은사와 임금님의 화장, 그리고 대왕바위에서의 장례 모두 호국정신과만 연결시켜 들어 왔습니다. 그런데 당나라와 연합해서 고구려를 멸망시키고 나당전쟁을 승리로 이끈 위대한 영웅이 말년에 오랜 전쟁에서 죽어 간 이들을 안타까워하며 느낀 인생무상과 깊은 관계가 있다고 말씀하시니까 가슴에 더 와닿네요.

문무왕 그렇게 봐 주시면 감사하죠. 저는 말년에 지의법사에게

"짐은 죽은 뒤 호국대룡護國大龍이 되어 불법을 받들고 나라를 수호하고자 한다."고 말하곤 했는데요. 대부분 사람들은 이 말에서 '나라를 지키는 큰 용'이란 뜻의 호국대룡에만 초점을 맞추고는 감은사도, 대왕바위에서의 장례도 모두 죽어서도 바다의 용이 되어 나라를 지키겠다는 의미로만 읽더라고요. 그런데 지의법사는 제 뜻을 정확하게 이해해 줬습니다.

궁금　어떻게요?

문무왕　지의법사가 이렇게 말하더라고요. "용이라는 축생보畜生報가 되는데 어찌합니까?"라고요. 여기서 축생畜生이란 사람이 기르는 온갖 짐승을 가리키며, 축생보란 예절, 의리, 청렴, 부끄러움을 아는 태도인 예의염치禮義廉恥를 잃어버린 세계에서 사는 것을 의미합니다. 사람이 축생보를 받는 것은 이승에서 열 가지의 죄업이 있었기 때문인데요. 이에 저는 이렇게 대답했습니다. "나는 세상의 영화를 싫어한 지 오래라, 만약 나쁜 응보를 받아 축생이 된다면 나의 뜻에 합당하다."라고요.

시리　축생보를 받는 것이 임금님의 뜻에 합당하다고요? 혹시, 임금님께서는 이승에 사시면서 많은 죄를 지었다고 생각하셨던 건가요?

문무왕 예, 맞아요. 그 오랜 전쟁에서 수많은 병사와 장군들이 죽어 갔고 백성들이 고난을 받았으니……. 그러니 축생보를 받지 않으면 그게 더 이상한 거 같았죠. 다만 그래도 임금된 자이니 다시는 그런 비참한 전쟁이 없기를 바라는 간절한 마음에서 죽어서라도 호국대룡이 되어 불법을 받들고 전쟁 없는 나라, 평화로운 나라가 되기를 바라는 죄인의 작은 소망을 말한 겁니다. 그런데 사람들은 저의 이런 바람을 죽어서도 외세의 침략으로부터 나라를 지키겠다는 결연한 의지를 보인 것으로만 이해하고 있더라고요.

시리 무슨 말씀인지 알겠습니다. 전쟁 없는 나라, 평화로운 나라란 말의 울림이 커서 가슴이 먹먹해집니다. 그래도 오늘의 인터뷰를 잘 이끌어 가야 하는 사회자이니까 정신을 가다듬고 다음 주제로 넘어가도록 하겠습니다. 원래 문무왕 임금님께서는 사천왕사, 망덕사, 감은사에 관련한 이야기만 다루기로 했었는데요. 이번 출연으로 월지月池에 대해서도 추가적으로 이야기 나누는 것으로 결정되었습니다. 그렇게 하신 이유는 무엇인가요?

문무왕 단순히 월지 하나보다는 월지를 포함해 우리 신라 왕경의 정원에 관한 이야기를 해 드리고 싶었다고 하는 게 더 정확합니다. 제가 즉위한 지 14년째 되는 674년 2월, 궁궐에 연못을 파고 산을 만들어 화초를 심고 진귀한 새와 기이한 짐승을 길렀는데요. 지금 여러분들이 부르고 있는 동궁과월지에서 월지를 가리킵니다. 우리말로 달못이라고 부를 수 있는데요. 단순히 연못만을 의미하는 것이 아니라 연못과 산과 섬과 건물로 이뤄진 우리 신라 최대의 그리고 최고의 정원을 가리킵니다. 제가 말년에 인생무상을 크게 느꼈다고 말씀드렸는데요. 이때만 해도 당나라와의 전쟁이 한창 진행 중인 때라서 강국 신라의 위대함과 건재함을 신하와 백성들에게 보이고 자긍심과 용기를 북돋워 줘야 했습니다. 그래서 만든 것 중의 하나가 우리 신라뿐만 아니라 세계적으로 봐도 최고 수준의 정원을 만든 것이었습니다. 이 정원을 이왕이면 '달못정원'이라는 예쁜 이름으로 불러 주면 더 좋지 않을까 합니다.

시리 달못정원이요? 입에 착착 붙는 이름입니다. 하지만 공영방송의 사회자로서 저는 현재의 공식 이름을 써야 하기 때문에 아쉽지만 그냥 월지정원이라고 부르겠습니다. 임금님께서는 월지정원을 왜 만드셨는지 그 이야기만 하려고 인터뷰를 요청하셨던 것은 아닌 것 같은데요. 또 다른 이유는 무엇이었나요?

문무왕 저도 하늘나라에서 서울 편 1과 2를 모두 봤는데요. 조선의 정원들을 보면서 정말 많이 놀랐거든요.

궁금 어떤 이유에서인가요?

문무왕 제가 상상해 보지 못한 정원이었기 때문입니다.

궁금 임금님께서 상상해 보지 못한 정원이었다고요? 음······ 서울 편 2에서 태종 임금님께서 조선의 자연 정원이 세계적으로 독특한 것이라고 말씀하셨던 것이 기억납니다. 그러면서 통일신라 때 만든 정원인 경주의 동궁과월지에서 연못은 직선과 곡선이 정말 다양하게 이용되었다고도 말씀하셨었죠.

문무왕 저도 기억합니다. 그래서 한 번 더 출연하기로 결정되니까 원래 하려던 사천왕사, 망덕사, 감은사 이야기에 더해 동궁과월지에서 달못정원, 아니다, 월지정원에 대해서도 인터뷰하고 싶다고 제작팀에게 말한 겁니다.

시리 궁금 씨가 말씀하니 저도 기억이 나는데요. 그런데 임금님, 조선의 정원들이 임금님께 그렇게나 놀랄 만한 정원이었나요?

문무왕 엄청 놀라운 정원들이죠. 하늘나라에 올라와서 이 나라 저 나라 사람들을 많이 만나 이야기 나누고, 관련 책과 다큐멘터리를 정말 많이 봤는데요. 정도전 선생과 태종 임금님이 말한 자연 정원이 조선처럼 일반적이고 흔했던 나라를 본 적이 없거든요. 물론 우리 신라에도 자연 정원은 거의 없었습니다. 당연한 것이지만 정원이란 관점에서 볼 때 세계적으로 조선이 특이한 나라였지 우리 신라는 아니었습니다.

시리 어떤 면에서 그렇게 말씀하시는 건가요?

문무왕 하하하! 안시리 아나운서가 다 알고 있으면서 일부러 모르는 것처럼 되묻는 것 아닌가요? 이미 정도전 선생과 태종 임금님이 말씀하시는 걸 저도 하늘나라에서 봤거든요.

시리 어느 정도는 저도 들어서 알고 있습니다만 그래도 임금님께서 다시 한번 정리해 주시면 더욱 분명해질 것 같습니다.

문무왕 정리요? 좋습니다. 그러면 말로 하기보다 먼저 월지정

동궁과월지

원의 지도를 한번 보실까요?

궁금 씨, 지도 위의 연못 모양을 보니까 어떤 생각이 드
나요?

궁금 건물이 들어선 연못의 왼쪽과 아래쪽은 세 번 꺾이는
직선 위주이고, 위쪽과 오른쪽은 굴곡이 엄청나네요.
게다가 크기도 모양도 다른 섬이 세 개나 있고 말이죠.
조선의 정원에서 일반적이었던 사각형의 연못, 사각형
과 원형의 섬과는 정말 다른데요?

문무왕 예, 맞아요. 그런데 연못과 섬의 측면에서 볼 때 어디가 더 아기자기한가요?

궁금 하하하! 임금님도 당연한 걸 물으시네요.

문무왕 아, 그런가요? 당연히 우리 신라의 월지정원이겠죠? 지난 인터뷰에서 정도전 선생과 태종 임금님께서 조선 정원의 연못과 섬이 사각형과 원형이란 가장 단순한 형태를 띠게 된 것은 감상의 대상인 자연의 다양함을 더 다양하게 보일 수 있도록 만들어 주기 위해서라고 말씀하셨었죠. 안시리 아나운서, 맞나요?

시리 아, 예. 그랬습니다.

문무왕 그렇다면 월지정원의 연못과 섬의 모양이 저렇게나 다양하다는 것은 감상의 대상을 더 다양하게 만들어 주는 역할을 하지 않는다는 의미이지요. 달리 말하면, 연못과 섬 자체가 감상의 대상이란 뜻이죠.

시리 임금님의 말씀을 듣고 있자니 뭔가 이야기 속으로 빨려 들어가는 느낌입니다.

문무왕 그래요? 참 듣기 좋은 칭찬이네요. 자 그럼, 월지정원의 연못과 섬, 그리고 바위와 나무와 오솔길과 지형이 어우러진 사진들을 한번 살펴봅시다.

궁금 씨, 사진 보니까 느낌이 어떤가요?

궁금 정말 멋집니다. 꼭 꿈속의 세상을 보는 것 같아요.

문무왕 그렇다면 조선 창덕궁 비원의 풍경을 직접 보거나 사진으로 봤을 때의 느낌은 어땠나요?

궁금 음…… 솔직하게 말해서 월지정원과 마찬가지로 꼭 꿈속의 세상을 보는 것 같았습니다.

문무왕 궁금 씨가 약간 머뭇거리더니 솔직하게 대답을 해 주시네요. 맞아요. 휴식과 사교의 공간으로서 정원은 형태는 다를지라도 먹고 살기 위해 노동하거나 권력을 다투는 현실 세계로부터 벗어나 꿈속의 세상을 보는 것 같은 느낌을 줄 수 있어야 최고의 정원이 됩니다. 우리 신라의 월지정원이나 조선 창덕궁의 비원 모두 궁궐에 있던 최고의 정원이었기 때문에 우열을 가릴 수 없을 정도로 둘 다 꿈속의 세상을 보는 것 같은 느낌을 줍니다. 다만 차이가 있다면 꿈속의 세상을 조선 창덕궁의 비원은 있는 그대로의 자연 풍경으로, 우리 신라의 월지정원은 자연을 닮은 인공 풍경으로 만들어 냈다는 것뿐이죠.

시리 창덕궁 비원의 풍경이 일부는 인공이고 대부분이 자연인 반면에 월지정원의 풍경은 다 인공이란 말씀이군요.

문무왕 그렇죠. 월지정원은 완벽한 인공 정원입니다. 구체적인 형태는 다를지라도 다른 문명권이나 나라에서도 인공 정원은 일반적으로 볼 수 있는 흔한 것이었습니다. 그런데 앞에서도 이미 이야기했듯이 창덕궁의 비원 같은 자연 정원은 조선에서는 일반적이고 흔한 반면에 다른 문명권이나 나라에서는 없거나 간혹 볼 수 있는 희귀한 것이었습니다. 그러니 조선의 자연 정원을 보고서 제가 얼마나 놀랐겠습니까?

시리 무슨 말씀인지 이제 확실하게 정리됐습니다. 그런데, 궁금한 것이 하나 있습니다. 혹시 신라 왕경에서 궁궐 안에 있던 월지정원만 그랬을 가능성은 없나요?

문무왕 우리 신라의 왕경에도 월지정원과 같은 인공 정원만 있던 것이 아니라 조선 창덕궁의 비원과 같은 자연 정원도 있지 않았겠느냐, 이 말씀이죠?

시리 그럴 수도 있지 않을까 해서요.

문무왕 하하하! 많이 알려지지 않아서 그렇지, 자연 정원이 없지는 않았습니다. 다만 지금 신라 왕경이 있었던 경주 시내의 여기저기서 인공 정원들이 발굴되고 있습니다. 아마 발굴 지역이 넓어지면 넓어질수록 인공 정원 유적의 숫자도 계속해서 증가할 것이라는 점을 여러분들께 자신 있게 말씀드리겠습니다.

궁금 저… 임금님, 자신 있게 말씀해 주셔서 우리들은 좋긴 한데, 위태위태한 느낌이 살짝 듭니다.

문무왕 왜요?

궁금 혹시 하늘나라의 허가 조건에 위배되는 것은 아닌가 하는 생각이 들어서요.

문무왕 하하하! 걱정해 줘서 고맙습니다. 하지만 위배되지는 않으니 걱정하지 마세요. 지금껏 여러분이 알고 있는 사실들을 통해 추론만 해도 쉽게 알 수 있으니까요.

궁금 어떤 추론을 할 수 있나요?

문무왕 자, 들어 보세요. 정원이 꼭 있어야만 했던 월성과 만월성 같은 궁궐, 그 유명한 39개의 금입택 같은 대저택 등의 핵심 지역이 있었던 경주 시내는 완전 평지에 가깝잖아요. 이런 곳에 정원을 만들 때 산과 산줄기로 둘러싸이고 도시 깊숙이 산줄기가 치고 들어온 조선의 서울처럼 자연 풍경을 정원의 감상 대상으로 삼을 수 있을까요? 궁금 씨, 어때요?

궁금 당연히 어렵겠죠.

문무왕 예, 맞아요. 그러면 어떤 정원을 만들겠어요? 당연히 인공 풍경을 감상의 대상으로 삼은 인공 정원일 수밖에 없잖아요. 안 그런가요?

시리 저도 궁금 씨와 같은 걱정을 했는데요. 임금님의 추론을 듣고 나니까 그 걱정이 싹 사라집니다.

문무왕 걱정이 사라졌다고 하니까 이제 더 이상 우리 신라 왕경의 정원에 대해 제가 더 할 말이 없어지네요. 한마디로 정리하면 우리 신라 왕경에는 다른 문명권이나 나라처럼 아기자기한 인공 풍경을 감상 대상으로 삼아 만든 인공 정원이 일반적이고 흔했습니다. 그리고 인공 풍경의 대다수는 유럽이나 이슬람권에서 많이 나타나는 기하학적인 모습이 아니라 월지정원처럼 최대한 자연을 닮게 만들었다는 점도 말씀드리도록 하겠습니다.

시리 임금님의 말씀을 듣고 나니까 신라 왕경의 풍경이 그려지는 것 같습니다. 조선의 수도 서울과는 전혀 다르게, 높고 웅장하며 화려한 궁궐과 사찰, 그리고 대저택이 즐비하고, 그 안에는 자연을 닮은 아기자기한 풍경을 감상의 대상으로 만든 인공 정원이 가득했던 모습이요.

문무왕 안시리 아나운서가 진짜 눈앞에서 보는 것처럼 우리 신라 왕경의 풍경을 잘 묘사해 주셨습니다. 감사합니다. 정신없이 이야기하다 보니까 제가 너무 말이 많았던 것 같네요. 빨리 재상 김대성 선생께 마이크를 넘겨야 할 텐데요. 딱 하나만 더 말씀드리고 넘어가겠습니다. 안시리 아나운서, 이해해 주는 거죠?

시리 아, 예. 말씀하십시오.

문무왕 휴식과 사교의 공간으로서 정원은 현실 세계로부터 벗어난 꿈속의 세상으로 구현되어야 한다고 했잖아요. 그런데 제가 만들었을 때의 월지정원은 꿈속의 세상을 잘 구현한 세계 최고의 정원 중 하나였음에도 불구하고 지금 남아 있는 월지정원의 모습과 많이 다른데요. 현재의 월지정원에는 꿈속의 세상이라는 느낌을 갉아먹는 요소가 몇 가지 있어 너무나 아쉽습니다.

궁금 꿈속 세상이라는 느낌을 갉아먹는 요소요? 그게 무엇인가요?

문무왕 꿈속의 세상 같은 정원이 되려면 현실 세계와 완전히 단절되어 있어야 하잖아요. 제가 만들었을 때의 월지정원은 임해전을 비롯한 많은 건축물과 담장으로 밖의 세계와 완전히 단절된, 정말 멋진 꿈속의 세상 같은 정원이었습니다. 그런데 지금은 아쉽게도 남쪽의 주차장에서도 월지정원이 훤히 보이고, 북쪽으로는 나무를 담장처럼 심어 놓긴 했지만, 동해남부선의 기차가 지나갈때 기차가 너무나 잘 보일 정도로 듬성듬성 심어 놓았더라고요. 이래서야 꿈속의 세상 같은 정원이라고 말할수 있을까요? 임해전을 비롯한 건물 터에 건물까지 복원하라고는 하지 않을게요. 제발 부탁인데요. 월지정원밖에서는 안이 전혀 보이지 않도록 높은 담장을 쌓든지, 밖이 보이지 않을 정도로 나무를 촘촘하고 무성하게 담장처럼 심어 놓기를 간절히 바랍니다. 더불어 들어가는 입구도 'ㄱ' 자든 'ㄹ' 자든 밖에서 안이 바로 보이지 않도록 만들어 놓기를 바라고요. 이 두 가지만 실현되더라도 진짜 꿈속의 세상 같은 정원의 느낌이 확높아질 겁니다. 이런 제 바람을 끝으로 마이크를 재상김대성 선생께 넘기도록 하겠습니다.

밖에서 보이지 않는, 산속에 폭 안긴 불국사

시리 문무왕 임금님께서 하도 열정적으로 말씀하셔서 이번에도 빨려 들어가는 줄 알았습니다. 임금님의 간절한 바람이 꼭 이뤄지기를 저도 기도해 봅니다. 문화유산을 담당하는 기관에서 비록 완전하지는 않더라도 진짜 꿈속의 세상 같은 정원의 느낌을 높일 두 가지의 조치를 꼭 취해 줄 것이라고 굳건히 믿어 보겠습니다.

이제부터는 김대성 선생님의 이야기를 듣는 시간을 갖도록 하겠는데요. 이번에도 첫 질문의 포문은 궁금 씨가 열어 주시겠습니다. 궁금 씨, 어떤 질문 준비해 오셨나요?

궁금　김대성 선생님, 안녕하세요. 오늘 불국사와 석가탑에 대해 말씀해 주신다고 했는데요. 불국사를 두 번째 갔을 때 갑자기 궁금했던 것이 있었습니다. 다름 아니라 '왜 불국사를 산속에 만들었지?'입니다.

김대성　왜 산속에 만들었냐고요? 전혀 예상하지 못한 질문을 하니까 도리어 제가 당황스럽습니다. 하하하!

궁금　아이쿠, 어떤 점이 임금님을 당황하게 만들었을까요?

김대성　우리나라에는 산속에 있는 사찰이 엄청 많잖아요. 그러니 불국사가 산속에 있다는 점이 당연한 것 같은데요.

시리　저도 궁금 씨의 질문을 듣고 너무 의아했는데요. 궁금 씨, 그게 왜 궁금했던 건가요?

궁금 사연이 좀 있습니다. 저도 우리나라의 산속에 사찰이 많다는 것을 잘 알고 있습니다. 그러니 불국사에 첫 번째로 갔을 때는 '왜 불국사를 산속에 만들었지?' 이런 궁금증이 하나도 생기지 않았습니다. 너무나 당연했으니까요. 그런데 제가 중국 여행을 다녀온 뒤로는 그것이 당연하지 않을 수도 있다는 생각이 들더라고요.

김대성 왜 그런 생각이 들었나요?

궁금 왜냐고요? 죄송하지만 이거 거꾸로 된 것 같아요. 하하하! 제가 질문드리고 김대성 선생님이 답해 주셔야 하는 것 아닌가요?

시리 궁금 씨가 하도 신기한 질문을 던지니까 갑자기 반대 상황이 된 건데요. 일단 궁금 씨의 신기한 질문이 왜 나왔는지 그건 확실히 알고 넘어가야 할 것 같습니다.

궁금 예, 알겠습니다. 계속하면요. 중국 여행 때 제가 첫 번째로 간 곳은 우리나라 사람들 대부분이 아는 유명한 시조인 "태산이 높다 하되 하늘 아래 뫼이로다 / 오르고 또 오르면 못 오를 리 없건마는 / 사람이 제 아니 오르고 뫼만 높다 하더라."에서의 태산(泰山, 1,532미터)이었습니다. 공자께서 "태산에 올라 보니 천하가 작더라." 라고 말한 것 때문에 중국에서 가장 유명한 산이 되었고, 중국 오악五岳 중의 동악東岳이었으며, 굽이굽이 깊은 골짜기와 기암괴석의 봉우리들이 진짜 절경이더라고요. 산이 험하고 여행 시간도 줄여야 했기 때문에 어느 지점부터는 케이블카를 타고 정상 아래쪽까지 올라갔는데요. 케이블카에서 골짜기를 내려다보면서 너무 놀란 것이 하나 있었습니다.

김대성 그게 무엇인가요? 엄청 궁금해지네요.

궁금 그건 골짜기를 걸어가면서도, 케이블카를 타고 가면서도 굽이굽이 그 깊은 골짜기나 산속에서 사찰을 하나도 발견하지 못했습니다. 케이블카에서 내리면서 '어 ~ 이게 어떻게 된 거지?' 하는 의문이 절로 생기더라고요. 그런데 케이블카에서 내려 태산 정상에 올라가니 우리나라에서는 상상할 수 없는 신기한 풍경이 저를 맞이하더라고요.

시리 우리나라에서는 상상할 수 없는 신기한 풍경이요?

궁금 하하하! 안시리 아나운서도 엄청 궁금하신가 보네요.

시리 저라고 다르겠나요? 뜸 들이지 말고 얼른 말씀하세요.

궁금 케이블카를 내린 곳부터 산등성이에 옛 건물과 계단이 이어져 있고, 주변에는 가게들이 다닥다닥 붙어 있었어요. 그 계단을 따라 올라가 보니까 도교의 옥황상제에게 제사 지내는 옥황묘란 큰 건물이 태산 정상을 차지하고 있더라고요. 옥황묘를 불교적으로 보면 사찰이잖아요. 그런데 우리나라에서는 산 정상에 만들어진 사찰은 없기 때문에 태산 정상의 옥황묘를 보고 놀라지 않을 수 없었습니다. 그리고 태산 정상 부근에는 옥황묘 같은 옛 종교 건축물들이 꽤 많았던 것으로 기억납니다. 여기서도 이상하다는 생각이 들더군요. 이때부터 외국을 여행하거나 역사 또는 문화 다큐멘터리를 볼 때마다 종교 건축물이 우리나라처럼 산속에 흔하게 있는 사례가 있는지 살펴보는 습관이 생겼어요. 그런데 놀랍게도 일부 종교 건축물이 산속에 있는 경우는 있으나 우리나라처럼 산속에 흔하게 있는 사례를 찾지는 못했습니다. 다른 나라에서는 종교 건축물이 산에 있더라도 산 정상이나 능선 위에 있었고, 아주 가끔은 절벽에 대롱대롱 매달리듯이 만들어져 있더라고요. 그때부터 '왜 우리나라에는 산속에 사찰이 많지?' 하는 궁금

토함산

증이 생겼지요. 불국사를 다룰 때 김대성 선생님께 불국사를 산속에 만든 까닭을 꼭 여쭙고 싶었습니다.

김대성 궁금 씨, 너무나 잘 들었습니다. 제가 말하고자 했던 것이 바로 그런 의문을 품고 그에 대한 답을 찾아가는 것이었는데요. 궁금 씨가 다 말씀해 주니까 너무나 편해졌습니다. 먼저, 토함산을 포함한 지역의 불국사 위치 지도와 불국사 지역만 확대한 지도를 한번 보시죠.

여러분들이 우리 불국사에 여행이나 답사를 오실 때 시각적으로 불국사의 본채를 처음으로 접하는 곳은 어디부터인가요? 서남쪽의 대형 주차장에 주차하고 버스나 자가용에서 내린 후 걸어서 소형 주차장에 이르

면 불국사의 일주문一柱門이 보입니다. 일주문에 들어서서 연못을 돌고 다시 천왕문天王門을 통과해서 작은 다리를 건너면 그 유명한 청운교와 백운교부터 시작해 자하문의 모습이 천천히 나타나기 시작합니다. 그때서야 '와~ 그 유명한 불국사에 드디어 왔구나!' 이런 느낌이 확 들 텐데요. 우리나라 사람들에게는 이것이 너무나 당연하고 자연스러워서 아무도 신기하거나 이상하게 생각하지 않는 것 같습니다. 하지만 산에 있는 다른 나라의 유명한 종교 건축물을 찾아갈 때 과연 이런 경로와 느낌을 경험할 수 있을까요? 전혀 없다고는 못하겠지만 쉽지는 않을 겁니다. 왜냐하면 대부분 꽤 먼발치에서부터 종교 건축물의 모습이 보이기 시작할 테니까요.

시리 저도 우리나라 사람이니까 그것이 신기하다거나 이상하다는 생각을 갖지 못했습니다. 그런데 가만히 생각해 보니까 이웃 나라인 중국이나 일본뿐만 아니라 동남아시아, 인도, 이슬람, 유럽 등 다른 문명권이나 나라에서 산에 있는 종교 건축물을 찾아갈 때 대부분 멀리서도 종교 건축물이 보였던 것 같습니다.

김대성 그럴 겁니다. 종교 건축물이 산의 정상이나 산등성이가 아니라 산속에 흔하게 있는 사례는 세계적으로 우리나라밖에 없을 겁니다. 다른 문명권이나 나라에서는 종교 건축물이 산의 정상이나 산등성이에 있기 때문에 밖으로 드러나 보이고 웅장하게 느껴지는 반면에, 우리나라에서는 사찰이 산속에 있기 때문에 밖으로 드러나 보이지도, 웅장하게 느껴지지도 않습니다. 산속에 폭 안겨 있는 느낌이라고 말하면 될까요? 이게 우리나라 사찰의 가장 큰 특징 중의 하나인데요. 우리 신라에서 그런 사찰이 만들어지기 시작한 것은 그리 오래되지 않았습니다. 경주 시내에는 우리 신라의 최초 사찰인 흥륜사를 비롯해 영흥사, 황룡사, 분황사, 영묘사, 사천왕사, 망덕사 등등 평지에 만들어진 웅장한 사찰이 대부분이었잖아요. 그리고 지난번 문무왕 임금님께서 이야기해 주신, 681년에 완공된 감은사에 와서 평지이긴 하지만 산 밑에 사찰이 최초로 만들어지고 금당과 탑 등의 건축물이 작아지기 시작했습니다. 이후에도 경주 시내의 평지에는 높은 목탑을 가진 웅장한 사찰이 계속 만들어졌지만 더불어 주변의 산 밑이나 산속에는 작은 탑을 포함해 건축물을 웅장하게 짓지 않는 사찰이 많이 만들어졌습니다. 아쉽게도 그런 사찰 중에 금당 등의 본채 건물이 계속 중수되면서 지금까지도 전해지는 경우는 거의 없습니다. 다만 여러분들이 구석구석 돌아다녀 보지 않아서 그렇지, 사찰이 있었음을 알 수 있는 탑과 불상의 유적은 엄청 많습니다. 제가 만든 불국사는 산속에 만들어진 사찰 중, 나중에 중수된 것이기는 하지만 아직도 본채 건물의 모습을 볼 수 있는 몇 안 되는 사례인데요. 그 덕분에 제가 이렇게 '역사 인물 환생 인터뷰'에 초대받는 행운을 갖게 되었습니다. 역사에 감사할 따름이죠.

삼층 석탑이 늘씬해지다

시리 아쉽습니다. 『삼국유사』에는 신라 왕경에 "절들이 별처럼 벌여 있고, 탑들이 기러기 행렬인 양 늘어섰다."는 표현이 나온다고 하는데요. 당연한 얘기지만 그 많은 사찰이 지금까지 모두 전해져 올 수는 없으나 그래도 최소 열 몇 개만이라도 전해졌다면 얼마나 좋았을까 하는 아쉬움이 있습니다. 어쨌든 다 지난 일이니 아쉬움으로 남기고, 앞으로는 남아 있는 것만이라도 어떻게 잘 발굴하고 보존 계승해야 할지 고민하는 것이 중요하다고 봅니다. 이제부터 김대성 선생님께서 불국사의 구체적인 부분을 이야기해 주실 텐데요. 선생님, 어떤 것부터 시작하실 건가요?

김대성 음…… 저는 751년에 전생前生의 부모님을 위해 지금 여러분들이 석굴암이라고 부르는 석불사石佛寺를, 현생現生의 부모님을 위해 불국사를 만든 사람입니다. 그래서 당연히 석굴암과 불국사에 대한 많은 이야기를 전해 드리고 싶습니다. 하지만 제작팀으로부터 요청받은 것은 불국사의 탑과 축대 관련 이야기만입니다. 그래서 그것을 중심으로 이야기하되 혹시 필요하면 다른 부분까지 살짝 언급하도록 하겠습니다. 먼저 탑부터 시작하죠. 축대 이야기는 탑에 대한 지식이 선행되어야 이해하기가 쉬우니까요.

궁금 불국사에는 다보탑과 석가탑 두 개가 있잖아요. 어느 것부터 해 주실 건가요?

김대성 하하하! 대답하기 전에 먼저 불국사의 기본 구조부터 간단하게 점검하고 넘어갈게요. 자, 불국사 평면도부터

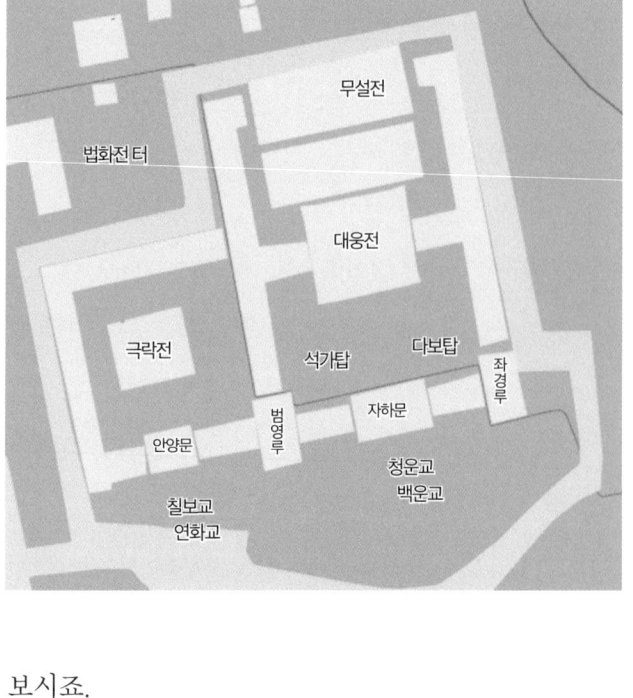

보시죠.

불국사는 동쪽의 토함산에서 서쪽으로 뻗어 내린 산줄기를 북북서쪽으로 등지고 남남동쪽을 향해 들어섰어요. 불국세계로 열반한 부처인 석가모니불을 모신 동쪽의 대웅전과, 열반에 들지 않고 극락세계에 머물며 중생들에게 설법을 하는 부처인 아미타불을 모신 서쪽의 극락전 두 개 구역으로 나눠져 있습니다. 먼저 동쪽의 대웅전 구역을 말씀드리겠습니다. 이승과 가까운 구름을 상징하는 18개 계단의 청운교靑雲橋와, 저승에 가까운 구름을 상징하는 16개 계단의 백운교白雲橋를 차례로 걸어 올라가 자줏빛 노을의 자하문紫霞門을 통과하면 열반하신 부처님이나 보살들께서 살고 계시는, 번뇌의 굴레를 벗어난 아주 깨끗한 세상인 불국정토의 경내에 이릅니다. 경내에는 『법화경』의 '다보여래상주증명多寶如來常住證明'에 따라 왼쪽에는 '현재의 부처'인 석가여래가 설법하는 모습을 상징하는 석가탑이, 오른쪽에는 '과거의 부처'인 다보불이 석가여래의 설법을 옳다고 증명하는 모습을 상징하는 다보탑이 있고, 정면에는 석가모니불을 모신 대웅전이 보입니다. 여러분들도 다 아시다시피 석가탑은 단순하면서 단아하게, 다보탑은 화려하면서 아름답게 만들어졌는데요. 우리 불국사 전체의 좌우 균형을 맞추기 위해 석가탑 방향의 회랑에는 화려한 모습의 종루(鍾樓, 범영루)를, 다보탑 방향의 회랑에는 단순한 모습의 경루(經樓, 좌경루)를 배치했습니다. 다음으로 서쪽의 극락전 구역을 말씀드리겠습니다. 연꽃무늬가 새겨진 10개 계단의 연화교蓮花橋와 8개 계단의 칠보교七寶橋를 차례로 걸어 올라가 안양문安養門을 통과하

불국사 백운교(아래) 및 청운교(위)

면 아미타불이 살고 계시는 극락세계 또는 서방정토에
이르게 됩니다. 그 정면에는 극락전이 있습니다.

시리 선생님, 대웅전 구역은 청운교와 백운교, 극락전 구역
은 연화교와 칠보교를 올라가야 하니까 전체적으로 상
승하는 느낌이 드네요.

김대성 그렇죠? 그럼에도 불구하고 불국사의 본채 건물들이
밖에서는 보이지 않잖아요. 왜 그럴까요? 제가 불국사
를 산속에 폭 안긴 듯한 모습으로 만들고 싶어서, 첫째,
불국사 전체가 산등성이의 위가 아니라 산등성이를 등

불국사 연화교(아래) 및 칠보교(위)

진 골짜기에 만들었고, 둘째, 건물 자체도 높지 않게 만들었기 때문입니다.

시리 그렇게 만들면 불국사의 건축물이 웅장하게 보일 리가 없을 텐데요. 시각적으로 위엄이 없지 않나요?

김대성 맞아요. 시각적으로 위엄이 있으려면 건물 자체를 웅장하게 지으면 된다는 것을 지금껏 이 프로그램에서 너무나 많이 들어 왔잖아요. 그런데 제가 그걸 포기했습니다. 그렇다고 제가 웅장함 자체까지 포기한 걸까요?

궁금 아~ 이제 이해했습니다. 웅장한 산을 끌어들여 그만큼의 웅장함을 표현하셨다는 거네요.

김대성 하하하! 궁금 씨가 제대로 맞히셨습니다. 웅장함은 높고 거대한 토함산(745.7미터)으로 표현했고, 불국사는 그 토함산에 폭 안겨 일체화된 느낌으로 존재하는 거죠. 옛날 사람들은 불국사를 올 때 걷거나 말을 타고 왔기 때문에, 높고 거대한 토함산은 아주 멀리서부터 보였답니다. 그래서 불국사를 방문하는 사람들에게 불국사는 토함산과 분리된 존재가 아니었습니다. 토함산과 불국사는 하나가 되어 '토함산 불국사'가 되는 것이죠. 그러려면 불국사가 먼발치에서 보이지 않도록 하기 위해 토함산의 위가 아니라 속에 있어야 하고, 건물도 높고 웅장해서는 안 되지요. 저는 그런 마음으로 불국사를 만들었고, 그래서 다보탑과 석가탑도 모두 먼발치에서 보이지 않도록 하기 위해 10.4미터밖에 되지 않는 낮은 높이로 만든 겁니다.

시리 선생님, 그런데 여기서 의문이 하나 있습니다.

김대성 예, 말씀해 보세요.

시리 결국엔 하늘-토함산-사찰의 3단계 풍경을 말씀하시려는 것으로 보이는데요. 불국사가 토함산 정상의 서쪽

골짜기에 있으니까 하늘-토함산-사찰의 3단계 풍경을 만들기 위해서는 불국사가 서향이어야 하지 않나요? 그런데 불국사는 아까 남향이라고 말씀하셔서…….

김대성 안시리 아나운서가 예리하시네요. 정확히 봤습니다. 지난 서울 편 1과 2에서 봤던 하늘-산-궁궐·종묘·사직단, 그리고 우리 신라 편에서 봤던 하늘-산-무덤·사찰의 3단계 풍경은 궁궐·종묘·사직단과 무덤·사찰이 산속이 아니라 산 아래에 있을 때 주로 만들어집니다. 산속에 있으면서 하늘-산-사찰의 3단계 풍경까지 만들어 낸 사례도 있지만, 비록 3단계 풍경을 만들어 내진 못했더라도 먼발치에서 산속으로 들어가면서 서서히 사찰이 나타나는, 즉 산속에 폭 안긴 듯한 느낌을 주면 충분합니다. 불국사의 본체를 보려면 일주문과 천왕문을 통과하고, 지금은 다리가 놓인 두 개의 작은 시내를 건너야 하지요. 가까이 가서 봤을 때 비록 불국사 뒤쪽의 산등성이가 우뚝하게 보이지는 않지만 산줄기에 폭 안긴 듯한 느낌은 확실하게 느껴지는 지형에 만들었습니다.

시리 불국사가 왜 산속에 위치해 있는지 자세한 설명 잘 들었습니다. 그럼 다음 주제로 넘어가도록 하겠습니다.

궁금 잠깐만요, 선생님. 질문이 하나 더 있습니다. 높이가 10.4미터의 삼층 석탑인 석가탑은 13.4미터의 감은사 삼층 석탑에 비해 3분의 1 정도인 3미터가 더 낮은데요. 이것보다 더 인상적인 것은 지난 시간에 문무왕 임금님께서 말씀하신, 가로와 세로의 비율이란 차원에서 볼 때 감은사 삼층 석탑이 웅장하고 육중하게 느껴지는 데 비해 석가탑은 늘씬하다는 느낌을 지울 수 없다는 점입니다. 왜 이런 느낌의 석가탑을 만드신 건가요?

김대성 궁금 씨도 정말 예리하시네요. 왜 웅장하고 육중한 느낌을 포기하고 늘씬한 느낌이 나는 석탑을 만들었냐, 이거죠?

궁금 예, 맞습니다.

김대성 그걸 이해하려면 감은사 삼층 석탑과 석가탑 사이의 약 70년 동안 우리 신라의 왕경에서 석탑이 어떻게 변해 왔는지를 알아야 합니다. 이 기간에도 많은 석탑이 만들어졌는데, 현재까지 전해지는 것은 별로 없습니다. 이승의 연구자들이 그 사이에 만들었다고 추정한 경주의 대표적인 탑으로는 686년경의 고선사지 삼층 석탑과 692년과 702년 사이의 황복사지 삼층 석탑이 있는데요. 감은사 삼층 석탑과 두 탑을 비교해 보면 어느 정도 답이 나올 겁니다. 우선 높이는 고려하지 않고 다음 페이지에서 세 가지 삼층 석탑의 사진을 순서대로 한번 볼까요?

궁금 씨, 보고 난 느낌을 말씀해 주시겠어요?

궁금 음…… 황복사지 삼층 석탑에서는 높이에 비해 가로가 좁아지는 현상이 약간 보이는 것 같습니다.

김대성 궁금 씨가 잘 관찰했습니다. 681년의 감은사지 삼층 석탑(13.4미터)과 686년경의 고선사지 삼층 석탑(10.2미터)까지는 목탑보다 엄청 작게 만들면서도 웅장함과 육중함을 잃지 않으려 무진 애를 썼습니다. 하지만 그렇다고 해서 목탑보다 엄청 작다는 사실까지 부정할 수는 없지요. 두 삼층 석탑 이후 석공들은 목탑보다 많이 작아졌다는 사실을 느낌 그대로 받아들이면서 석탑만의 멋을 만들고자 했어요. 그래서 석탑의 높이에 비해 가로를 좁게 만들어 웅장함과 육중함을 포기하는 대신 늘씬한 느낌을 강조하기 시작했습니다. 돌이 나무보다 무겁다는 건 누구나 아는 사실이잖아요. 그런데 삼층

감은사지 삼층 석탑, 고선사지 삼층 석탑, 황복사지 삼층 석탑(왼쪽부터)

석탑을 작으면서도 단순하고 늘씬하게 만들면 돌로 만들었음에도 무겁게 느껴지지 않습니다. 황복사지 삼층 석탑(7.3미터)을 감은사지 삼층 석탑, 고선사지 삼층 석탑과 비교해서 보면 '아주'는 아니더라도 '꽤' 늘씬해졌다는 느낌이 들 겁니다.

시리 예. 제가 봐도 확실히 그런 느낌이 듭니다. 그렇다면 그런 늘씬한 느낌이 불국사의 석가탑에서 절정에 달했다는 이야기로 귀결되는 건가요?

김대성 맞습니다. 제가 불국사를 만들 때 석공에게 '삼층 석탑

불국사 석가탑(왼쪽)과 다보탑(오른쪽)

인 석가탑은 웅장하고 육중한 맛을 완전히 빼 버리고
단순하지만 늘씬하게 보이도록 만들라!'고 주문했거든
요. 석공은 제 주문을 듣고 나서 이 자료 저 자료 엄청
검토하더니 설계도를 만들어서 가져왔는데요. 제가 검
토해 봐도 진짜 늘씬하게 보일 것 같아서 OK했습니다.
그리고는 몇 달 후 완성된 모습을 보게 되었는데요. 보
는 순간 '와~ 진짜 늘씬하네!'란 감탄사가 절로 나오더
라고요. 그때의 감격이 지금도 생생합니다.

시리　그렇게 된 거였군요. 그런데 선생님, 궁금한 것이 하나

있습니다. 우리나라 사람 대부분이 불국사의 경내에 갔을 때 늘씬하지만 단순한 석가탑보다는 화려하면서 아름다운 다보탑에 눈이 훨씬 더 끌릴 텐데요. 선생님은 그렇지 않으셨나요?

김대성 하하하! 구경하는 사람들은 어떨지 모르겠지만 어떤 느낌의 형상일지를 주문하고 만드는 과정 하나하나를 다 검토한 사람으로서는 완성되었을 때 딱 보고는 다보탑과 석가탑으로부터 똑같은 감동을 받았습니다.

궁금 그럴 수도 있지만, 저라면 그래도 조금이라도 다보탑에 더 눈길이 갔을 것 같은데요.

김대성 하하하! 저에게는 아직도 똑같은 감동으로 기억되는 것으로 봐서는 다보탑에 더 눈길이 갔다고 하더라도 진짜 조금이었을 겁니다.

시리 선생님 말씀을 듣고 보니 구경하는 사람이 아니라 만든 분 입장에서는 그랬을 것 같습니다. 그렇지만 구경하는 사람들 입장에서는 아무래도 화려한 다보탑에 눈이 더 가는 것이 사실인데요. 그럼에도 불구하고 이후에 우리 신라에서 유행한 석탑의 형식은 다보탑이 아니라 석가탑과 같은 형식이었습니다. 선생님께서는 왜 그랬다고 생각하시나요?

김대성 다보탑이 화려하고 아름다웠기 때문이죠.

시리 예? 그게 무슨 말씀인가요?

김대성 화려하고 아름다우면 보기가 정말 좋다는 것은 누구나
다 아는 사실이지요. 그런데 그만큼 만들기도 힘이 들
죠. 우리 신라의 왕경에는 "절들이 별처럼 벌여 있고,
탑들이 기러기 행렬인 양 늘어섰다."고 표현될 정도로
많은 사찰이 만들어졌는데요. 그런 사찰들 대부분이 불
국사처럼 많은 물력을 동원해서 지을 수는 없었습니
다. 그런 상황에서 탑을 만들어야 할 때 단순하면서 늘
씬한 석가탑과, 화려하면서 아름다운 다보탑 중에서 어
떤 것을 모델로 삼았을까요? 안시리 아나운서, 어떻게
생각하세요?

시리 음…… 많은 물력을 동원할 수 있으면 다보탑을 선택
했을 것 같은데, 그렇지 못할 경우에는 석가탑을 선택
하는 것이 더 현명하다고 봅니다.

김대성 그렇죠. 너무나 당연한 결론이죠. 여기에 하나 덧붙인
다면 석가탑은 '현재의 부처'인 석가여래를, 다보탑은
'과거의 부처'인 다보불을 상징한다고 했는데요. 불교

사찰의 대다수는 '과거의 부처'인 다보불이 아니라 '현재의 부처'인 석가여래를 주불主佛로 삼아 만들어졌습니다. 그러니 다보탑보다는 석가탑을 모델로 삼아 탑을 만들 가능성이 훨씬 높을 수밖에 없었죠. 어쨌든 신라 왕경뿐만 아니라 전국 방방곡곡에 만들어진 수많은 사찰에서 모든 탑은 아니지만 다수가 석가탑을 모델로 작고 단순하며 늘씬한 그리고 만들기도 쉬운 삼층 석탑이 세워졌습니다. 우리 신라의 석공들에게 석가탑의 형식은 특별한 주문이 없다면 당연히 만들어야만 하는 문화유전자로 자리 잡았다고 보면 되겠습니다.

시리 신라 왕경뿐만 아니라 전국 방방곡곡에서 석가탑을 모델로 삼아 작고 단순하며 늘씬한 탑이 만들어졌다는 사실은 이제 충분히 설명된 것 같습니다. 그런데 선생님, 이런 삼층 석탑이 다른 나라에도 많나요?

김대성 전 세계의 불교 유적 전체를 살펴보지는 않았기 때문에 '전혀'라고 말하지는 못하겠지만 아마 찾기가 쉽지 않을 겁니다. 우리나라에만 있다고 봐도 무방합니다. 우리 신라의 감은사에서 처음 만들어져 불국사의 석가탑에서 전형적인 모습이 완성되고 이후 전국 방방곡곡으로 확산되어 나간 것이니까요.

다듬는 것보다 자연스러움을 추구하다

시리 석가탑에 대해서는 이제 충분히 이야기를 들은 것 같
은데요. 마지막으로 불국사의 축대에 대해 말씀해 주실
차례입니다. 혹시 불국사의 축대가 독특한가요?

김대성 불국사의 축대가 독특하다는 사실은 너무나 잘 알려져
있는데요. 우선 다음의 축대 사진들부터 한번 볼까요?

궁금 씨, 보니까 어때요?

궁금 제가 사찰에 갔을 때 축대를 유의해서 본 경험은 없는
데요. 음…… 저 사진만 봐도 불국사의 축대가 정말 멋
지네요. 앞으로는 사찰에 가면 축대를 열심히 관찰해
봐야겠어요.

김대성 그런데 궁금 씨, 불국사의 축대 사진을 보고 왜 멋지다
고 생각했나요?

궁금 왜냐고요? 보자마자 바로 그냥 멋지단 생각밖에 들지
않던데…….

김대성 '멋지다'는 표현은 주관적인 것이니까 정답은 없지만,
그래도 왜 멋지단 생각이 들었는지 잠시 고민해 보고
말해 줄 수 있나요?

궁금 음…… 다듬지 않고 크기가 다른 자연석을 층층이 쌓
아 올린 모습 때문에 그런 생각이 들었습니다.

김대성 그래요? 그럼 경북 영주에 있는 부석사의 축대 사진을
보여 드릴 테니까 어떤 느낌인지 말해 주시겠어요?

궁금 부석사의 축대도 다듬지 않고 크기가 다른 자연석을
층층이 쌓아 올린 모습이네요. 음…… 멋지지 않다고
말하긴 그렇지만, 눈에 확 들어오지는 않네요.

영주 부석사 안양루 축대(위), 서울 창덕궁 주합루 어수문 축대(아래). 출처_국가유산청

김대성 그렇죠? 왜 그럴까요? 그 답을 찾기 전에 서울 창덕궁
비원에 있는 주합루의 축대 사진을 보고 어떤 느낌이
들었는지 이야기해 봅시다.

궁금 주합루의 축대는 직선으로 다듬은 돌만 쌓아 올린 거
네요. 주합루의 축대도 부석사와 같은 느낌입니다.

김대성 이렇게 비교해 보면 불국사의 축대가 보자마자 눈에 확
들어온 이유를 알 수 있게 됩니다. 가로와 세로의 틀은
직선으로 다듬은 돌로 쌓았고, 그 안에 다듬지 않고 다

른 자연석을 층층이 채워 넣어 딱딱한 직선의 인공과 부드러운 곡선의 자연을 절묘하게 대비시켰기 때문이죠. 이런 대비를 극대화하기 위해 아래층의 축대에서는 딱딱한 직선의 인공과 부드러운 곡선의 자연이 맞닿는 부분에서 인공을 자연에 맞추는 건축 공법인 그랭이질이 행해졌습니다. 이것도 말로 하면 이해하기가 어려우니 사진을 한번 보시죠.

시리 와~ 자연석의 모양대로 절묘하게 깎아서 맞췄네요. 정말 대단합니다.

김대성 안시리 아나운서가 사진만 보고도 감탄을 하네요. 하지만 너무 놀라지는 마세요. 아랫돌의 모양에 맞춰 윗돌을 깎아 내는 그랭이질은 불국사 훨씬 이전의 유적인 삼국시대 산성들의 성벽에서도 발견되는 것이니까요. 성벽에서의 그랭이질은 멋지게 보이기 위해서가 아니라 다듬지 않은 돌을 사용해 성벽을 쌓을 때 맞닿는 면을 딱 맞춰 잘 무너지지 않게 하기 위해서 적용했습니다. 그런데 불국사에서는 그런 그랭이질을 튼튼한 축대를 만들기 전에 멋지게 보이기 위해서 적용했다는 점이 놀라운 것이죠.

그랭이질된 불국사 축대. 파란색 실선 안쪽에 보면 그랭이질된 돌들을 볼 수 있다.

시리   아! 불국사의 축대에 그랭이질이라는 건축 공법이 사용되었다는 점보다는 축대를 멋있게 보이려 했다는 사실이 중요하다는 말씀이군요. 역으로 보면 축대에 이런 그랭이질을 적용하기 위해서는 딱딱한 직선의 인공과 부드러운 곡선의 자연을 절묘하게 대비시켜 멋지게 보이려는 의도가 있어야 된다는…….

김대성   하하하! 뒷부분은 제가 말하려고 한 것인데, 안시리 아나운서가 잘 정리해 주시네요. 맞아요. 그런 겁니다.

시리   그런데 선생님, 불국사를 만들 때 왜 이런 축대를 창안

하신 건가요?

김대성 음…… 왕궁이나 사찰 등 인간이 만들어 낸 권위 건축
물 대부분은 산이나 언덕 위, 또는 산이 저 멀리 떨어진
넓은 평지에 자연을 압도하는 모습으로 만들어지는 것
이 일반적이고, 그렇게 만들어진 건축물에서는 자연스
러움의 요소를 찾아보기가 쉽지 않죠. 이 점에서는 우
리 신라의 왕경에 만들어진 건축물들도 예외가 아니
었는데요. 언젠가부터 이를 거스르는 경향이 나타나기
시작했습니다.

궁금 그게 언제부터인가요?

김대성 지금까지 우리 신라 편을 잘 들어 왔다면 쉽게 맞힐 수
있을 겁니다. 권위 건축물이 자연을 압도하기보다는
자연을 끌어들여 합일되는 모습으로 권위를 표현하는
그런 거요.

시리 아~ 무슨 말씀인지 알겠습니다. 법흥왕 임금님의 무덤
을 산 밑에 만든 것, 문무왕 임금님께서 말년에 부처님
께 귀의하기 위해 만든 감은사가 산 밑에 만들어진 것,
혹시 이걸 말씀하시는 것이죠?

김대성 맞아요. 제대로 맞혔어요.

궁금 선생님, 그렇다면 다른 권위 건축물에 비해 법흥왕 임금님의 무덤과 감은사의 건축물에서 자연스러움을 더 많이 발견할 수 있다는 건가요?

김대성 그건 아니에요. 법흥왕 임금님의 무덤과 감은사의 건축물 자체만 놓고 보면 다른 권위 건축물에 비해 자연스러움을 더 많이 구현했다고 보기는 어려워요. 하지만 다른 권위 건축물들이 배경으로서 자연스러움을 최대한 멀리 배척했던 반면에 법흥왕 임금님의 무덤과 감은사는 최대한 가까이 끌어들였어요. 건축의 역사에서 상당히 이례적인 혁신이 일어난 건데요. 토함산 아래도 아니고 토함산 속에 푹 안기도록 만든 불국사도 그 연장선상에 있다는 것은 이미 앞에서 말한 그대로입니다. 그런데 제가 불국사를 만들 때 하나 더 생각해 봤습니다. 토함산에 푹 안긴 건축물 자체에도 자연스러움의 요소를 가미하면 어떨까? 하는 생각이요. 그리고는 시범적으로 직선의 축대에 다듬지 않고 크기가 다른 자연석을 층층이 쌓아 넣었지요. 그리고 딱딱한 직선의 인공과 만나는 부분에서도 자연석의 자연스러움을 해치지 않기 위해 그랭이질 건축 기법을 사용해 봤습니다. 다 완성되었을 때 보니까 인공과 자연이 절묘하게 결합되어 정말 멋지더라고요. '야, 정말 잘 선택했네!' 이런 생각이 절로 났던 기억이 지금도 생생합니다.

시리 그렇게까지 섬세하게 시도해 보셨다는 게 신기합니다.

김대성 제가 아니었어도 누군가는 그런 시도를 했을 것 같습니다.

시리 왜 그렇게 생각하시나요?

김대성 산이나 언덕 위, 또는 산이 저 멀리 떨어진 넓은 평지에 자연을 압도하는 모습으로 만들어진 건축물에 산다면 자연을 수시로 보거나 만나기가 어렵잖아요. 하지만 산속에 푹 안긴 것처럼 만들어진 건축물에서는 건물 밖을 한 발짝만 나가도 자연을 곧바로 만나게 됩니다. 그런데 우리 신라에서는 왕경뿐만 아니라 전국 방방곡곡의 명산에 수많은 사찰이 산속에 푹 안긴 것처럼 만들어져 있었으니, 제가 아니었어도 누군가는 그런 생각을 하지 않았을까요?

시리 아무리 그래도 그게 쉽지는 않았을 겁니다. 선생님의 창안이 갖고 있는 가치를 너무 낮게 보지 않으셔도 될 것 같은데요.

김대성 그렇게 봐 주시면 저야 감사하죠. 그런데 아쉽게도 이렇게 건축물 자체에 자연스러움을 가미하는 것이 우리 신라에서는 별로 확산되지 않았습니다. 후삼국시대를 거쳐 고려시대에 들어가서야 꽤 확산되기 시작했죠. 그러다 조선에 들어서서 건축물을 만들 때 왕궁 등 임금이나 국가의 권위와 관련된 건축물이 아니라면 자연스러움은 최우선의 당연한 가치로 자리 잡았습니다.

궁금 선생님, 혹시 사례를 들어 설명해 주실 수 있나요?

김대성 음…… 주춧돌을 예로 들어 설명드리겠습니다. 우리 신라에서는 다듬지 않은 자연석을 주춧돌로 사용한 경우가 거의 없었는데요. 이는 고구려와 백제에서도 마찬가지였습니다. 특히 여러분들이 통일신라라고 부르는 시대에는 더욱 그래서 신라 왕경뿐만 아니라 지방의 사찰에서도 대부분 정말 잘 다듬은 주춧돌을 사용했습니다. 후삼국시대와 고려시대의 경우 사찰이나 관아 건물 등에 잘 다듬은 주춧돌을 사용한 경우와, 다듬지 않은 자연석을 주춧돌로 사용한 경우가 반반 정도 되는 것 같습니다. 물론 잘 다듬었다고 말하기는 했지만 우리 신라의 것에 비하면, 음…… 제가 신라 사람이라 이렇게 말하면 좀 그렇습니다만, 아주 일부를 제외하면 솜씨가 좀 떨어지더라고요. 조선에서는 왕궁 등 임금이나 국가의 권위와 관련된 건축물이 아니라면 다듬은 주춧돌을 사용한 경우를 거의 찾기가 어려울 정도였습니다. 다시 말해 자연석을 주춧돌로 사용한 경우가 대부분이었다는 거죠. 여기서 하나 덧붙이면, 자연석을 주춧돌로 사용할 경우 나무 기둥의 밑부분을 자연석에 맞춰 깎아 세우는 그랭이질 건축 기법이 사용되는 것은 당연했기 때문에 조선은 세계 어느 나라와도 비교가 되지 않을 만큼 '그랭이질의 나라'였다고 말해도 무방합니다. 이건 대부분의 문명권이나 다른 나라에서는 잘 다듬은 주춧돌을 사용하는 것이 일반적이었다는 말이기도 합니다.

시리 그렇다면 우리나라에서는 주춧돌 하나만으로도 어느 시대의 건축물인지 알 수 있다는 거군요!

김대성 왕궁 등 임금이나 국가의 권위와 관련된 것이 아니라면 100퍼센트는 아니더라도 대체적으로는 맞힐 수 있습니다. 아주 잘 다듬은 주춧돌이라면 대부분 삼국시대나 통일신라시대 그리고 일부는 고려시대라고 보면

국립경주박물관 주춧돌 (신라)

충주 충청감영 주춧돌(고려)

고창 선운사 일주문 주춧돌
(고려 또는 조선)

보은 회인 인산 객사
자연석 주춧돌(조선)

되고요. 다듬긴 다듬었지만 좀 거칠게 다듬은 주춧돌이라면 후삼국시대나 고려시대, 전혀 다듬지 않은 자연석을 사용했다면 대부분 조선시대 그리고 일부는 고려시대라고 보면 됩니다. 이런 경향은 축대에서도 거의 그대로 나타납니다. 가장 심했던 조선의 경우는 지방 고을의 동헌과 객사 그리고 향교는 물론이고 민간의 서원과 사찰 건물 그리고 양반의 주택까지도 자연석의 주춧돌과 축대가 거의 대부분이었어요. 또한 사찰을 제외하면 건물에 인위적으로 채색하는 것도 극도로 꺼렸습니다. 세계적으로 봤을 때 조선의 건축물은 규모, 주춧돌, 축대, 채색 등 어느 것 하나도 특이하지 않은 게 없었습니다. 자연스러움의 극대화였다고 말하면 딱 맞을 것 같아요.

시리 이 모든 것들이 믿기지 않을 정도로 놀랍기만 하네요.

김대성 정말 믿기지 않을 정도이죠? 앞으로 우리나라의 역사 유적이나 건축물을 여행할 때 주춧돌, 축대, 채색 등을 열심히 관찰하시길 권해 드립니다. 일부 예외가 나오기도 하는데요. 조금만 여유를 갖고 분석해 보면 답을 쉽게 찾을 수 있습니다. 예를 들어 충남 부여의 동헌과 객사에 가 보면 다듬은 축대와 주춧돌이 나올 겁니다. 이 동헌과 객사의 건물이 조선시대에 만들어진 것이니까 앞의 제 이야기와 맞지 않는 것처럼 보일 텐데요. 하지만 그 축대나 주춧돌은 백제나 통일신라 때 만들어졌던 것을 가져다 재사용한 것입니다. 진짜 아주 아주 예외적인 것이 나올 수도 있는데요. 이런 경우에는, '음…… 지금은 못 풀겠고 미제로 남겨서 나중에 풀어야겠다.' 이렇게 생각하면 됩니다.

궁금 외국 여행에서도 마찬가지로 적용되나요?

김대성 맞아요. 외국 여행에서도 주춧돌, 축대, 채색 등을 열심히 관찰해 보세요. 당연히 예외는 있을 수 있어요. 하지만 여기서 중요한 것은 대체적인 경향성을 살펴봐야 한다는 점이죠. 우리나라와 비교하면서 보면 꽤 쏠쏠한 즐거움을 얻을 수 있을 겁니다.

시리 진짜 재미있겠는데요? 앞으로 꼭 그렇게 해 보도록 하겠습니다. 그런데 선생님, 우리나라의 축대나 주춧돌에 왜 이런 경향이 나타난 건가요?

김대성 그것은 앞에서도 말씀드렸지만, 산속에 푹 안긴 것처럼 건축물을 만들면 건물 밖을 한 발짝만 나가도 자연을 곧바로 만날 수 있으니 건물 자체에 자연스러움을 가미하는 경향이 나타난 거죠. 하늘나라에서 보니까 이걸 풍수風水라고 하더군요. 우리 신라의 경우 풍수는 무덤에서 발생해서 사찰로 확산되었고, 후삼국시대를 거쳐 고려시대에는 수도와 궁궐을 포함해 임금과 관련된 모든 공간도 포함되었습니다. 그리고 조선의 세종 대에 이르면 지방 고을의 중심지로까지 퍼져 나갔고, 조선 중기를 지나면서 전국 방방곡곡의 양반 마을도 풍수와 연관 짓지 않은 곳이 거의 없었습니다. 그래서 조선에서는 수도, 지방 도시, 양반 마을, 궁궐, 관아, 서원, 주택, 무덤 등 삶이나 죽음과 관련된 거의 모든 공간과 건물을 보고는 "명당이군. 진짜 명당이야!" 이런 소리를 들으면 최고의 칭찬으로 생각했습니다.

궁금　저는 조선시대의 동헌과 객사, 향교, 서원, 그리고 수많은 양반 집 등등을 보면서 '왜 저렇게 웅장하지도 높지도 않지?', '왜 다듬은 주춧돌과 축대는 하나도 보이지 않지?', '왜 화려하게 채색한 건물이 없지?' 이런 의문이 정말 많았는데, 오늘에서야 다 해결이 되었네요. 다만 저도 여기서 궁금한 게 하나 생겼는데요. 선생님의 말씀에 따르면 인공적인 건축물 자체에 자연스러움을 가미하는 것이 불국사로부터 시작됐다는 건데요. 음…… 문무왕께서 만드신 월지정원의 연못과 섬과 산에 이미 그런 자연스러움이 너무나 풍부하게 가미되어 있지 않았나요?

김대성 아차, 그걸 빼먹었네요. 휴식과 사교의 공간으로서 정원은 먹고 살기 위해 노동하거나 권력을 다투는 현실 세계로부터 벗어난 꿈속의 세상을 보는 것 같은 느낌을 줄 수 있어야 최고의 정원이 된다고 앞서 말씀드렸잖아요. 이런 꿈속의 세상은 서양이나 이슬람 세계처럼 기하학적인 모습 중심으로 만들어질 수도 있고, 우리 신라처럼 자연을 닮은 모습 중심으로 만들어질 수도 있습니다. 그런 점에서 우리의 월지정원은 궁금 씨가 말한 것처럼 인공적으로 만든 자연스러움이 정말 풍부하게 가미되어 있는 것이 맞습니다. 다만 그런 정원을 벗어난 건축물에서 자연스러움이 건축물 자체에 가미된 것은 다른 문제이고, 현재 여러분이 볼 수 있는 유적의 관점에서 그 출발은 제가 만든 불국사의 축대라고 말할 수 있겠습니다.

시리 　저도 월지정원 이야기를 하고 싶었는데, 마침 궁금 씨가 먼저 질문해 주셔서 덕분에 설명 정말 잘 들었습니다. 이제 아쉽지만 신라 편 마지막 회인 오늘의 시간도 거의 다 되어 가고 있네요. 선생님, 혹시 더 말씀하고 싶은 신라의 이야기가 있으신가요?

김대성 　더 말하고 싶은 이야기야 엄청 많죠. 제가 살았고 사랑했던 나라인데, 아쉽게도 유적과 기록이 많이 전해지지 않아 여러분들이 모르는 내용이 너무 많으니까요. 하지만 오늘 인터뷰 주제인 우리 불국사의 석가탑과 축대에 대한 이야기는 거의 다 한 것 같습니다. 혹시 나중에라도 새롭게 생각나는 게 있으면 다음을 위해 잘 정리해 두겠습니다.

시리 　김대성 선생님의 아쉬움, 충분히 이해합니다. 혹시라도 우리 제작팀에서 신라에 대한 다른 주제를 선정했을 때 선생님을 또 초청할 수 있으면 좋겠다는 생각입니다만 확실한 약속을 드릴 수는 없어서 저도 아쉽습니다. 아무튼 우리가 몰랐던 불국사의 석탑과 축대, 그리고 그로부터 시작되어 후삼국시대와 고려, 조선에까지 이어진 우리 건축의 특징에 관한 이야기 정말 흥미진진했습니다. 선생님, 마지막으로 우리 프로그램에 출연하신 소감 간단하게 말씀해 주시면 감사하겠습니다.

김대성 한마디로 아주 좋았죠. 정말 즐거웠습니다. 제가 알고 있는 것을 실컷 이야기해 드릴 수 있어서 더욱 기뻤습니다. 그리고 1,200여 년 만에 이승 구경을 할 기회를 주셔서 하늘나라 사무국과 제작팀에게 감사드리고요. 이왕 내려온 것 저 또한 다른 분들처럼 이승 실컷 구경하고 무사히 하늘나라로 귀환하도록 하겠습니다.

시리 문무왕 임금님께서도 오랜 시간 묵묵히 기다려 주셨는데요. 역시 우리 프로그램에 출연하신 소감 간단하게 말씀해 주시면 감사하겠습니다.

문무왕 간단하게요? 음…… 길게 이야기하고 싶은데……. 하하하! 농담입니다. 저도 김대성 선생과 똑같은 이유로 아주 좋았고 정말 여러 말씀을 드릴 수 있어서 뜻깊은 시간이었습니다. 김대성 선생과 함께 이승 구경 실컷하고 둘이 손잡고 하늘나라로 무사히 귀환하도록 하겠습니다.

시리 짧고 강렬한 마지막 말씀이셨습니다. 그동안 시청해 주신 시청자 여러분, 그리고 출연해 주신 법흥왕 임금님,

진흥왕 임금님, 선덕여왕 임금님, 문무왕 임금님, 김대성 선생님, 함께 진행해 주신 궁금 씨와 청중 여러분께 진심으로 감사드립니다. 우리 '역사 인물 환생 인터뷰'는 잠시 휴식기를 가진 후 후삼국시대와 고려의 이야기로 다시 만나 뵐 것을 약속드리며, 오늘로써 신라 편을 모두 마치도록 하겠습니다. 문무왕 임금님과 김대성 선생님께서는 하늘나라로 무사히 돌아가시기 바랍니다. 시청자 여러분도 즐거운 주말 되십시오. 감사합니다. 안녕히 계십시오.

도판 출처